小学校学習指導要領(平成29年告示)解説

理科編

平成29年7月

文部科学省

まえがき

　文部科学省では，平成29年３月31日に学校教育法施行規則の一部改正と小学校学習指導要領の改訂を行った。新小学校学習指導要領等は平成32年度から全面的に実施することとし，平成30年度から一部を移行措置として先行して実施することとしている。

　今回の改訂は，平成28年12月の中央教育審議会答申を踏まえ，

① 教育基本法，学校教育法などを踏まえ，これまでの我が国の学校教育の実績や蓄積を生かし，子供たちが未来社会を切り拓くための資質・能力を一層確実に育成することを目指すこと。その際，子供たちに求められる資質・能力とは何かを社会と共有し，連携する「社会に開かれた教育課程」を重視すること。

② 知識及び技能の習得と思考力，判断力，表現力等の育成のバランスを重視する平成20年改訂の学習指導要領の枠組みや教育内容を維持した上で，知識の理解の質を更に高め，確かな学力を育成すること。

③ 先行する特別教科化など道徳教育の充実や体験活動の重視，体育・健康に関する指導の充実により，豊かな心や健やかな体を育成すること。

を基本的なねらいとして行った。

　本書は，大綱的な基準である学習指導要領の記述の意味や解釈などの詳細について説明するために，文部科学省が作成するものであり，小学校学習指導要領第２章第４節「理科」について，その改善の趣旨や内容を解説している。

　各学校においては，本書を御活用いただき，学習指導要領等についての理解を深め，創意工夫を生かした特色ある教育課程を編成・実施されるようお願いしたい。

　むすびに，本書「小学校学習指導要領解説理科編」の作成に御協力くださった各位に対し，心から感謝の意を表する次第である。

平成29年７月

文部科学省初等中等教育局長

髙橋　道和

目次

- 第1章 総説 …………………………………………… 1
  - 1 改訂の経緯及び基本方針 ………………………… 1
  - 2 理科改訂の趣旨 …………………………………… 5
  - 3 理科改訂の要点 …………………………………… 8
- 第2章 理科の目標及び内容 ………………………… 12
  - 第1節 教科の目標 …………………………………… 12
  - 第2節 理科の内容構成 ……………………………… 20
  - 第3節 学年目標と学年内容の構成の考え方 ……… 27
- 第3章 各学年の目標及び内容 ……………………… 29
  - 第1節 第3学年の目標及び内容 …………………… 29
    - 1 第3学年の目標 ………………………………… 29
    - 2 第3学年の内容 ………………………………… 31
  - 第2節 第4学年の目標及び内容 …………………… 45
    - 1 第4学年の目標 ………………………………… 45
    - 2 第4学年の内容 ………………………………… 47
  - 第3節 第5学年の目標及び内容 …………………… 61
    - 1 第5学年の目標 ………………………………… 61
    - 2 第5学年の内容 ………………………………… 63
  - 第4節 第6学年の目標及び内容 …………………… 75
    - 1 第6学年の目標 ………………………………… 75
    - 2 第6学年の内容 ………………………………… 77
- 第4章 指導計画の作成と内容の取扱い ……………… 94
  - 1 指導計画作成上の配慮事項 ……………………… 94
  - 2 内容の取扱いについての配慮事項 ……………… 98
  - 3 事故防止，薬品などの管理 ……………………… 103

- 付 録 …………………………………………………………… 105
  - 付録1：学校教育法施行規則（抄）…………………… 106
  - 付録2：小学校学習指導要領
           第1章　総則 ………………………………………… 110
  - 付録3：小学校学習指導要領
           第2章　第4節　理科 …………………………… 118
  - 付録4：中学校学習指導要領
           第2章　第4節　理科 …………………………… 130
  - 付録5：小学校学習指導要領
           第3章　特別の教科　道徳 …………………… 145
  - 付録6：「道徳の内容」の学年段階・学校段階の
           一覧表 ……………………………………………… 152
  - 付録7：幼稚園教育要領 …………………………………… 154

第1章　総説

● 1　改訂の経緯及び基本方針

(1) 改訂の経緯

　今の子供たちやこれから誕生する子供たちが，成人して社会で活躍する頃には，我が国は厳しい挑戦の時代を迎えていると予想される。生産年齢人口の減少，グローバル化の進展や絶え間ない技術革新等により，社会構造や雇用環境は大きく，また急速に変化しており，予測が困難な時代となっている。また，急激な少子高齢化が進む中で成熟社会を迎えた我が国にあっては，一人一人が持続可能な社会の担い手として，その多様性を原動力とし，質的な豊かさを伴った個人と社会の成長につながる新たな価値を生み出していくことが期待される。

　こうした変化の一つとして，人工知能（AI）の飛躍的な進化を挙げることができる。人工知能が自ら知識を概念的に理解し，思考し始めているとも言われ，雇用の在り方や学校において獲得する知識の意味にも大きな変化をもたらすのではないかとの予測も示されている。このことは同時に，人工知能がどれだけ進化し思考できるようになったとしても，その思考の目的を与えたり，目的のよさ・正しさ・美しさを判断したりできるのは人間の最も大きな強みであるということの再認識につながっている。

　このような時代にあって，学校教育には，子供たちが様々な変化に積極的に向き合い，他者と協働して課題を解決していくことや，様々な情報を見極め知識の概念的な理解を実現し情報を再構成するなどして新たな価値につなげていくこと，複雑な状況変化の中で目的を再構築することができるようにすることが求められている。

　このことは，本来，我が国の学校教育が大切にしてきたことであるものの，教師の世代交代が進むと同時に，学校内における教師の世代間のバランスが変化し，教育に関わる様々な経験や知見をどのように継承していくかが課題となり，また，子供たちを取り巻く環境の変化により学校が抱える課題も複雑化・困難化する中で，これまでどおり学校の工夫だけにその実現を委ねることは困難になってきている。

　こうした状況を踏まえ，平成26年11月には，文部科学大臣から新しい時代にふさわしい学習指導要領等の在り方について中央教育審議会に諮問を行った。中央教育審議会においては，2年1か月にわたる審議の末，平成28年12月21日に「幼稚園，小学校，中学校，高等学校及び特別支援学校の学習指導要領等の改善及び必要な方策等について（答申）」（以下「中央教育審議会答申」という。）を示し

た。

中央教育審議会答申においては，"よりよい学校教育を通じてよりよい社会を創る"という目標を学校と社会が共有し，連携・協働しながら，新しい時代に求められる資質・能力を子供たちに育む「社会に開かれた教育課程」の実現を目指し，学習指導要領等が，学校，家庭，地域の関係者が幅広く共有し活用できる「学びの地図」としての役割を果たすことができるよう，次の6点にわたってその枠組みを改善するとともに，各学校において教育課程を軸に学校教育の改善・充実の好循環を生み出す「カリキュラム・マネジメント」の実現を目指すことなどが求められた。

① 「何ができるようになるか」（育成を目指す資質・能力）
② 「何を学ぶか」（教科等を学ぶ意義と，教科等間・学校段階間のつながりを踏まえた教育課程の編成）
③ 「どのように学ぶか」（各教科等の指導計画の作成と実施，学習・指導の改善・充実）
④ 「子供一人一人の発達をどのように支援するか」（子供の発達を踏まえた指導）
⑤ 「何が身に付いたか」（学習評価の充実）
⑥ 「実施するために何が必要か」（学習指導要領等の理念を実現するために必要な方策）

これを踏まえ，平成29年3月31日に学校教育法施行規則を改正するとともに，幼稚園教育要領，小学校学習指導要領及び中学校学習指導要領を公示した。小学校学習指導要領は，平成30年4月1日から第3学年及び第4学年において外国語活動を実施する等の円滑に移行するための措置（移行措置）を実施し，平成32年4月1日から全面実施することとしている。また，中学校学習指導要領は，平成30年4月1日から移行措置を実施し，平成33年4月1日から全面実施することとしている。

(2) 改訂の基本方針

今回の改訂は中央教育審議会答申を踏まえ，次の基本方針に基づき行った。

① **今回の改訂の基本的な考え方**

ア　教育基本法，学校教育法などを踏まえ，これまでの我が国の学校教育の実践や蓄積を生かし，子供たちが未来社会を切り拓くための資質・能力を一層確実に育成することを目指す。その際，子供たちに求められる資質・能力とは何かを社会と共有し，連携する「社会に開かれた教育課程」を重視すること。

イ　知識及び技能の習得と思考力，判断力，表現力等の育成のバランスを重視する平成20年改訂の学習指導要領の枠組みや教育内容を維持した上で，知識の理解の質を更に高め，確かな学力を育成すること。
　　ウ　先行する特別教科化など道徳教育の充実や体験活動の重視，体育・健康に関する指導の充実により，豊かな心や健やかな体を育成すること。

②　育成を目指す資質・能力の明確化

　中央教育審議会答申においては，予測困難な社会の変化に主体的に関わり，感性を豊かに働かせながら，どのような未来を創っていくのか，どのように社会や人生をよりよいものにしていくのかという目的を自ら考え，自らの可能性を発揮し，よりよい社会と幸福な人生の創り手となる力を身に付けられるようにすることが重要であること，こうした力は全く新しい力ということではなく学校教育が長年その育成を目指してきた「生きる力」であることを改めて捉え直し，学校教育がしっかりとその強みを発揮できるようにしていくことが必要とされた。また，汎用的な能力の育成を重視する世界的な潮流を踏まえつつ，知識及び技能と思考力，判断力，表現力等をバランスよく育成してきた我が国の学校教育の蓄積を生かしていくことが重要とされた。

　このため「生きる力」をより具体化し，教育課程全体を通して育成を目指す資質・能力を，ア「何を理解しているか，何ができるか（生きて働く「知識・技能」の習得）」，イ「理解していること・できることをどう使うか（未知の状況にも対応できる「思考力・判断力・表現力等」の育成）」，ウ「どのように社会・世界と関わり，よりよい人生を送るか（学びを人生や社会に生かそうとする「学びに向かう力・人間性等」の涵養）」の三つの柱に整理するとともに，各教科等の目標や内容についても，この三つの柱に基づく再整理を図るよう提言がなされた。

　今回の改訂では，知・徳・体にわたる「生きる力」を子供たちに育むために「何のために学ぶのか」という各教科等を学ぶ意義を共有しながら，授業の創意工夫や教科書等の教材の改善を引き出していくことができるようにするため，全ての教科等の目標及び内容を「知識及び技能」，「思考力，判断力，表現力等」，「学びに向かう力，人間性等」の三つの柱で再整理した。

③　「主体的・対話的で深い学び」の実現に向けた授業改善の推進

　子供たちが，学習内容を人生や社会の在り方と結び付けて深く理解し，これからの時代に求められる資質・能力を身に付け，生涯にわたって能動的に学び続けることができるようにするためには，これまでの学校教育の蓄積を生かし，学習の質を一層高める授業改善の取組を活性化していくことが必要であり，我が国の優れた教育実践に見られる普遍的な視点である「主体的・対話的で深い学び」の実現に向けた授業改善（アクティブ・ラーニングの視点に立った授業改善）を推

進することが求められる。

　今回の改訂では「主体的・対話的で深い学び」の実現に向けた授業改善を進める際の指導上の配慮事項を総則に記載するとともに，各教科等の「第3　指導計画の作成と内容の取扱い」において，単元や題材など内容や時間のまとまりを見通して，その中で育む資質・能力の育成に向けて，「主体的・対話的で深い学び」の実現に向けた授業改善を進めることを示した。

　その際，以下の6点に留意して取り組むことが重要である。

　　ア　児童生徒に求められる資質・能力を育成することを目指した授業改善の取組は，既に小・中学校を中心に多くの実践が積み重ねられており，特に義務教育段階はこれまで地道に取り組まれ蓄積されてきた実践を否定し，全く異なる指導方法を導入しなければならないと捉える必要はないこと。

　　イ　授業の方法や技術の改善のみを意図するものではなく，児童生徒に目指す資質・能力を育むために「主体的な学び」，「対話的な学び」，「深い学び」の視点で，授業改善を進めるものであること。

　　ウ　各教科等において通常行われている学習活動（言語活動，観察・実験，問題解決的な学習など）の質を向上させることを主眼とするものであること。

　　エ　1回1回の授業で全ての学びが実現されるものではなく，単元や題材など内容や時間のまとまりの中で，学習を見通し振り返る場面をどこに設定するか，グループなどで対話する場面をどこに設定するか，児童生徒が考える場面と教師が教える場面をどのように組み立てるかを考え，実現を図っていくものであること。

　　オ　深い学びの鍵として「見方・考え方」を働かせることが重要になること。各教科等の「見方・考え方」は，「どのような視点で物事を捉え，どのような考え方で思考していくのか」というその教科等ならではの物事を捉える視点や考え方である。各教科等を学ぶ本質的な意義の中核をなすものであり，教科等の学習と社会をつなぐものであることから，児童生徒が学習や人生において「見方・考え方」を自在に働かせることができるようにすることにこそ，教師の専門性が発揮されることが求められること。

　　カ　基礎的・基本的な知識及び技能の習得に課題がある場合には，その確実な習得を図ることを重視すること。

④　**各学校におけるカリキュラム・マネジメントの推進**

　各学校においては，教科等の目標や内容を見通し，特に学習の基盤となる資質・能力（言語能力，情報活用能力（情報モラルを含む。以下同じ。），問題発見・解決能力等）や現代的な諸課題に対応して求められる資質・能力の育成のためには，

教科等横断的な学習を充実することや,「主体的・対話的で深い学び」の実現に向けた授業改善を,単元や題材など内容や時間のまとまりを見通して行うことが求められる。これらの取組の実現のためには,学校全体として,児童生徒や学校,地域の実態を適切に把握し,教育内容や時間の配分,必要な人的・物的体制の確保,教育課程の実施状況に基づく改善などを通して,教育活動の質を向上させ,学習の効果の最大化を図るカリキュラム・マネジメントに努めることが求められる。

このため総則において,「児童や学校,地域の実態を適切に把握し,教育の目的や目標の実現に必要な教育の内容等を教科等横断的な視点で組み立てていくこと,教育課程の実施状況を評価してその改善を図っていくこと,教育課程の実施に必要な人的又は物的な体制を確保するとともにその改善を図っていくことなどを通して,教育課程に基づき組織的かつ計画的に各学校の教育活動の質の向上を図っていくこと(以下「カリキュラム・マネジメント」という。)に努める」ことについて新たに示した。

⑤ 教育内容の主な改善事項

このほか,言語能力の確実な育成,理数教育の充実,伝統や文化に関する教育の充実,体験活動の充実,外国語教育の充実などについて総則や各教科等において,その特質に応じて内容やその取扱いの充実を図った。

2 理科改訂の趣旨

平成28年12月の中央教育審議会答申において,教育課程の改訂の基本的な考え方,今回の改訂で充実すべき重要事項等及び各教科等別の主な改善事項が示された。小学校理科の改訂は,これらを踏まえて行ったものである。

(1) 平成20年改訂の学習指導要領の成果と課題を踏まえた理科の目標の在り方

中央教育審議会答申では,主に,以下の①から③が示されている。

(答申要旨)

① 平成20年改訂の学習指導要領の成果と課題

PISA2015では,科学的リテラシーの平均得点は国際的に見ると高く,TIMSS2015では,1995年以降の調査において最も良好な結果になっているといった成果が見られる。また,TIMSS2015では,理科を学ぶことに対する関心・意欲や意義・有用性に対する認識について改善が見られる一方で,諸外国と比べると肯定的な回答の

割合が低い状況にあることや,「観察・実験の結果などを整理・分析した上で,解釈・考察し,説明すること」などの資質・能力に課題が見られる。

② 課題を踏まえた理科の目標の在り方

課題に適切に対応できるよう,小学校,中学校,高等学校それぞれの学校段階において,理科の学習を通じて育成を目指す資質・能力の全体像を明確化するとともに,資質・能力を育むために必要な学びの過程についての考え方を示すこと等を通じて,理科教育の改善・充実を図っていくことが必要である。そのため,学校段階ごとの理科の教科目標については,育成を目指す資質・能力である「知識・技能」,「思考力・判断力・表現力等」,「学びに向かう力・人間性等」の三つの柱に沿った整理を踏まえて示すことが求められる。

③ 理科における「見方・考え方」

理科においては,従来,「科学的な見方や考え方」を育成することを重要な目標として位置付け,資質・能力を包括するものとして示してきたところであるが,今回の改訂では,資質・能力をより具体的なものとして示し,「見方・考え方」は資質・能力を育成する過程で働く,物事を捉える視点や考え方として全教科等を通して整理されたことを踏まえ,「理科の見方・考え方」を改めて検討することが必要である。

ここでは,平成20年改訂の学習指導要領の成果と課題を明らかにするとともに,課題に対応できるよう,小学校,中学校,高等学校それぞれの学校段階において,理科で育成を目指す資質・能力の全体像と,理科の学習を通じて働かせる「理科の見方・考え方」の重要性が示されている。

(2) 理科の具体的な改善事項

中央教育審議会答申では,主に,以下の①から③が示されている。

(答申要旨)

① 教育課程の示し方の改善
 ⅰ) 資質・能力を育成する学びの過程についての考え方

理科においては,高等学校の例を示すと,課題の把握(発見),課題の探究(追究),課題の解決という探究の過程を通じた学習活動を行い,それぞれの過程において,資質・能力が育成されるよう

指導の改善を図ることが必要である。特に，このような探究の過程全体を生徒が主体的に遂行できるようにすることを目指すとともに，生徒が常に知的好奇心をもって身の回りの自然の事物・現象に接するようになることや，その中で得た気付きから疑問を形成し，課題として設定することができるようになることを重視すべきである。

ⅱ）指導内容の示し方の改善

各内容について，どのような学習過程において，どのような「見方・考え方」を働かせることにより，どのような「知識・技能」及び「思考力・判断力・表現力等」を身に付けることを目指すのかを示していくことが必要である。その上で，内容の系統性とともに，育成を目指す資質・能力のつながりを意識した構成，配列となるようにすることが必要である。

「学びに向かう力・人間性等」については，内容ごとに大きく異なるものではないことから，各学年や各分野の「目標」において整理されたものを，全ての内容において共通的に扱うこととするのが適当である。

② 教育内容の改善・充実

ⅰ）教育内容の見直し

国際調査において，日本の生徒は理科が「役に立つ」，「楽しい」との回答が国際平均より低く，理科の好きな子供が少ない状況を改善する必要がある。このため，生徒自身が観察，実験を中心とした探究の過程を通じて課題を解決したり，新たな課題を発見したりする経験を可能な限り増加させていくことが重要であり，このことが理科の面白さを感じたり，理科の有用性を認識したりすることにつながっていくと考えられる。

さらに，子供たちが将来どのような進路を選択したとしても，これからの時代に共通に求められる力を育むために，小学校段階での理科で重視してきた問題解決の過程において，プログラミング的思考の育成との関連が明確になるように適切に位置付けられるようにするとともに，実施に当たっては，児童一人一人の学びが一層充実するものとなるように十分配慮することが必要である。

③ 学習・指導の改善充実や教育環境の充実等

ⅰ）「主体的・対話的で深い学び」の実現

「主体的な学び」，「対話的な学び」，「深い学び」の三つの視点か

> ら学習過程を更に質的に改善していくことが必要である。なお，これら三つの視点はそれぞれが独立しているものではなく，相互に関連し合うものであることに留意が必要である。その際，自然の事物・現象について，「理科の見方・考え方」を働かせて，探究の過程を通して学ぶことにより，資質・能力を獲得するとともに，「見方・考え方」も豊かで確かなものとなると考えられる。さらに，次の学習や日常生活などにおける問題発見・解決の場面において，獲得した資質・能力に支えられた「見方・考え方」を働かせることによって「深い学び」につながっていくものと考えられる。
>
> ⅱ) 教材や教育環境の充実
>
> 　理科において育成を目指す資質・能力の実現を図り，児童の興味・関心を高めていくためには，指導体制の強化や教員研修，実験器具等の整備の充実，ＩＣＴ環境の整備などの条件整備が求められる。

　ここでは，資質・能力を育成する学びの過程についての考え方を明らかにして，指導内容の示し方の改善を図るとともに，教育内容や学習・指導の改善や充実を図るための「主体的・対話的で深い学び」の実現や教育環境の充実などについて示されている。

　以上が，中央教育審議会答申に述べられている改善の方針の趣旨であり，学習指導要領の理科の目標，内容の決定に当たっては，これらの方針に基づき，具体的な作業が進められた。

●3　理科改訂の要点

　先に示した中央教育審議会答申の内容を踏まえながら，学習指導要領の改訂を行った。今回の改訂は，小学校理科で育成を目指す資質・能力を育む観点から，自然に親しみ，見通しをもって観察，実験などを行い，その結果を基に考察し，結論を導きだすなどの問題解決の活動を充実した。また，理科を学ぶことの意義や有用性の実感及び理科への関心を高める観点から，日常生活や社会との関連を重視する方向で検討した。改訂の要点は次のとおりである。

(1) 目標の在り方
① 目標の示し方

　目標については，最初に，どのような学習過程を通して資質・能力を育成する

かを示し，それを受けて，(1)には，育成を目指す資質・能力のうち，「知識及び技能」を，(2)には，「思考力，判断力，表現力等」を，(3)には，「学びに向かう力，人間性等」を示した。

各学年の目標については，「A物質・エネルギー」，「B生命・地球」の内容区分ごとに，育成を目指す資質・能力を示すこととし，①には「知識及び技能」を，②には「思考力，判断力，表現力等」を，③には「学びに向かう力，人間性等」を示した。

② 「理科の見方・考え方」

「見方・考え方」とは，各教科等の特質に応じた物事を捉える視点や考え方である。理科の学習においては，この「理科の見方・考え方」を働かせながら，知識及び技能を習得したり，思考・判断・表現したりしていくものであると同時に，学習を通じて，「理科の見方・考え方」が豊かで確かなものとなっていくのである。そこで，各内容において，児童が自然の事物・現象を捉えるための視点や考え方を示し，それを軸とした授業改善の取組を活性化させ，理科における資質・能力の育成を図ることとした。

(2) 内容の改善・充実

① 指導内容の示し方

これまでの各内容について，どのような資質・能力を育成することができるのかを検討し，さらに，中学校の「第1分野」，「第2分野」との整合性も加味して構成された「A物質・エネルギー」，「B生命・地球」の二つの内容区分及び学習内容の構成，配列の検討を行った。その結果，引き続き，「A物質・エネルギー」，「B生命・地球」の二つの内容区分で構成することとした。さらに，各内容において，児童が働かせる「見方・考え方」及び，育成を目指す「知識及び技能」，「思考力，判断力，表現力等」を示していくこととした。なお，「学びに向かう力，人間性等」については，各学年の目標に，それぞれ示すこととした。

② 教育内容の見直し

国際数学・理科教育動向調査（TIMSS２０１５）において，小学校第4学年を対象に行われた質問紙調査の結果，「理科は楽しい」と回答している児童が約9割となっており，国際平均を上回っている。また，理科が得意だと思っている児童の割合も増加している傾向が見られる。これらの現状を踏まえ，これまでも重視してきた，自然の事物・現象に働きかけ，そこから問題を見いだし，主体的に問題を解決する活動や，新たな問題を発見する活動を更に充実させていくこととした。そこで，育成を目指す資質・能力のうち，「思考力，判断力，表現力等」の育成の観点から，これまでも重視してきた問題解決の力を具体的に示し，

より主体的に問題解決の活動を行うことができるようにした。また，日常生活や他教科等との関連を図った学習活動や，目的を設定し，計測して制御するといった考え方に基づいた観察，実験や，ものづくりの活動の充実を図ったり，第5学年「B (3) 流れる水の働きと土地の変化」，「B (4) 天気の変化」，第6学年「B (4) 土地のつくりと変化」において，自然災害との関連を図りながら学習内容の理解を深めたりすることにより，理科の面白さを感じたり，理科を学ぶことの意義や有用性を認識したりすることができるようにした。

③ 小学校理科の内容の改善

今回の改訂においても，従前と同様に「エネルギー」，「粒子」，「生命」，「地球」などの科学の基本的な概念等を柱として構成し，科学に関する基本的な概念等の一層の定着を図ることができるようにしている。その際，小学校，中学校，高等学校の一貫性に十分配慮するとともに，育成を目指す資質・能力，内容の系統性の確保，国際的な教育の流れなどにも考慮して内容の改善及び充実を図った。

小学校及び中学校の7年間を通した「エネルギー」，「粒子」，「生命」，「地球」を柱とした内容の構成を，図1（22，23ページ），図2（24，25ページ）に示す。

今回の改訂で，理科の目標である「自然の事物・現象についての問題を科学的に解決するために必要な資質・能力」を育成することを実現するために，追加，移行及び中学校への移行を行った主な内容は，以下のとおりである。

- ○ 追加した内容
  - ・音の伝わり方と大小〔第3学年〕
  - ・雨水の行方と地面の様子〔第4学年〕
  - ・人と環境〔第6学年〕
- ○ 学年間で移行した内容
  - ・光電池の働き〔第6学年（第4学年から移行）〕
  - ・水中の小さな生物〔第6学年（第5学年から移行）〕
- ○ 中学校へ移行した内容
  - ・電気による発熱〔第6学年〕

(3) 学習指導の改善・充実

① 資質・能力を育成する学びの過程

従来，小学校理科では，問題解決の過程を通じた学習活動を重視してきた。

問題解決の過程として，自然の事物・現象に対する気付き，問題の設定，予想や仮説の設定，検証計画の立案，観察・実験の実施，結果の処理，考察，結論の導出といった過程が考えられる。この問題解決のそれぞれの過程において，どの

ような資質・能力の育成を目指すのかを明確にし，指導の改善を図っていくことが重要になる。そこで，小学校理科で育成を目指す資質・能力を「知識及び技能」，「思考力，判断力，表現力等」，「学びに向かう力，人間性等」の三つの柱に沿って整理し，より具体的なものとして示した。特に「思考力，判断力，表現力等」については，各学年で主に育成を目指す問題解決の力を具体的に示した。

育成を目指す「思考力，判断力，表現力等」及び「学びに向かう力，人間性等」をまとめたものを図3（26ページ）に示す。

② 「主体的・対話的で深い学び」の実現

「主体的・対話的で深い学び」の実現とは，「主体的な学び」，「対話的な学び」，「深い学び」の三つの視点に立った授業改善を図り，学校教育における質の高い学びを実現し，資質・能力を身に付け，生涯にわたって能動的に学び続けるようにすることである。

これらの三つの視点はそれぞれ独立しているものではなく，相互に関連し合うものであるが，児童の学びの本質としての重要な視点を異なる側面から捉えたものである。これらの視点を基に日々の授業の改善を行い，児童の資質・能力を伸ばしていく必要がある。

そこで，第2章第4節理科「第3　指導計画の作成と内容の取扱い」において，その重要性について示し，「主体的・対話的で深い学び」の実現に向けた授業改善を図ることとした。

③　教材や教育環境の充実

小学校理科の特色でもある観察，実験の充実を図っていく観点から，理科教育のための設備整備の支援や，理科の観察に使用する設備の準備・調整等を行う補助員の配置に引き続き取り組むことが必要である。

そこで，第2章第4節理科「第3　指導計画の作成と内容の取扱い」において，その重要性について示し，教材や教育環境の充実を図ることとした。

第2章　理科の目標及び内容

第1節　教科の目標

小学校理科の教科の目標は，以下のとおりである。

> 自然に親しみ，理科の見方・考え方を働かせ，見通しをもって観察，実験を行うことなどを通して，自然の事物・現象についての問題を科学的に解決するために必要な資質・能力を次のとおり育成することを目指す。
> (1)　自然の事物・現象についての理解を図り，観察，実験などに関する基本的な技能を身に付けるようにする。
> (2)　観察，実験などを行い，問題解決の力を養う。
> (3)　自然を愛する心情や主体的に問題解決しようとする態度を養う。

この目標は，小学校理科においてどのような資質・能力の育成を目指しているのかを簡潔に示したものである。今回の改訂において，各教科等において育成を目指す資質・能力が三つの柱で整理されたことを踏まえ，小学校理科においても，その三つの柱に沿って，育成を目指す資質・能力を整理した。

初めに，どのような学習の過程を通して資質・能力を育成するのかを示し，次に(1)には育成を目指す資質・能力のうち「知識及び技能」を，(2)には「思考力，判断力，表現力等」を，(3)には「学びに向かう力，人間性等」を示している。

目標の理解を深めるために，目標を構成している文章を文節，又は(1)から(3)の資質・能力に区切り，それぞれの意図するものについて，以下に示すことにする。

なお，自然の事物・現象についての問題を科学的に解決するために必要な資質・能力については，相互に関連し合うものであり，資質・能力を(1)，(2)，(3)の順に育成するものではないことに留意が必要である。

○　**「自然に親しみ」について**

理科の学習は，児童が自然に親しむことから始まる。

ここで，「自然に親しむ」とは，単に自然に触れたり，慣れ親しんだりするということだけではない。児童が関心や意欲をもって対象と関わることにより，自ら問題を見いだし，それを追究していく活動を行うとともに，見いだした問題を

追究し，解決していく中で，新たな問題を見いだし，繰り返し自然の事物・現象に関わっていくことを含意している。児童に自然の事物・現象を提示したり，自然の中に連れて行ったりする際には，児童が対象である自然の事物・現象に関心や意欲を高めつつ，そこから問題意識を醸成し，主体的に追究していくことができるように意図的な活動の場を工夫することが必要である。

○ 「理科の見方・考え方を働かせ」について

理科においては，従来，「科学的な見方や考え方」を育成することを重要な目標として位置付け，資質・能力を包括するものとして示してきた。「見方や考え方」とは，「問題解決の活動によって児童が身に付ける方法や手続きと，その方法や手続きによって得られた結果及び概念を包含する」という表現で示されてきたところである。しかし，今回の改訂では，資質・能力をより具体的なものとして示し，「見方・考え方」は資質・能力を育成する過程で児童が働かせる「物事を捉える視点や考え方」であること，更には教科等ごとの特徴があり，各教科等を学ぶ本質的な意義や中核をなすものとして全教科等を通して整理されたことを踏まえ，理科の特質に応じ，「理科の見方・考え方」として，改めて検討した。

問題解決の過程において，自然の事物・現象をどのような視点で捉えるかという「見方」については，理科を構成する領域ごとの特徴から整理を行った。自然の事物・現象を，「エネルギー」を柱とする領域では，主として量的・関係的な視点で捉えることが，「粒子」を柱とする領域では，主として質的・実体的な視点で捉えることが，「生命」を柱とする領域では，主として共通性・多様性の視点で捉えることが，「地球」を柱とする領域では，主として時間的・空間的な視点で捉えることが，それぞれの領域における特徴的な視点として整理することができる。

ただし，これらの特徴的な視点はそれぞれ領域固有のものではなく，その強弱はあるものの，他の領域においても用いられる視点であることや，これら以外にも，理科だけでなく様々な場面で用いられる原因と結果をはじめとして，部分と全体，定性と定量などといった視点もあることに留意する必要がある。

問題解決の過程において，どのような考え方で思考していくかという「考え方」については，これまで理科で育成を目指してきた問題解決の能力を基に整理を行った。児童が問題解決の過程の中で用いる，比較，関係付け，条件制御，多面的に考えることなどといった考え方を「考え方」として整理することができる。

「比較する」とは，複数の自然の事物・現象を対応させ比べることである。比較には，同時に複数の自然の事物・現象を比べたり，ある自然の事物・現象の変化を時間的な前後の関係で比べたりすることなどがある。具体的には，問題を見

いだす際に，自然の事物・現象を比較し，差異点や共通点を明らかにすることなどが考えられる。

「関係付ける」とは，自然の事物・現象を様々な視点から結び付けることである。「関係付け」には，変化とそれに関わる要因を結び付けたり，既習の内容や生活経験と結び付けたりすることなどがある。具体的には，解決したい問題についての予想や仮説を発想する際に，自然の事物・現象と既習の内容や生活経験とを関係付けたり，自然の事物・現象の変化とそれに関わる要因を関係付けたりすることが考えられる。

「条件を制御する」とは，自然の事物・現象に影響を与えると考えられる要因について，どの要因が影響を与えるかを調べる際に，変化させる要因と変化させない要因を区別するということである。具体的には，解決したい問題について，解決の方法を発想する際に，制御すべき要因と制御しない要因を区別しながら計画的に観察，実験などを行うことが考えられる。

「多面的に考える」とは，自然の事物・現象を複数の側面から考えることである。具体的には，問題解決を行う際に，解決したい問題について互いの予想や仮説を尊重しながら追究したり，観察，実験などの結果を基に，予想や仮説，観察，実験などの方法を振り返り，再検討したり，複数の観察，実験などから得た結果を基に考察をしたりすることなどが考えられる。

このような「理科の見方・考え方」を自在に働かせ，自然の事物・現象に関わることができる児童は，どのような視点で自然の事物・現象を捉え，どのような考え方で思考すればよいのかを自覚しながら，自然の事物・現象に関わることができるということである。それは，自然の事物・現象から問題を見いだし，予想や仮説をもち，その解決方法を考えたり，知識を関連付けてより深く理解したりすることに向かう「深い学び」を実現することになるのである。児童自らが「理科の見方・考え方」を意識的に働かせながら，繰り返し自然の事物・現象に関わることで，児童の「見方・考え方」は豊かで確かなものになっていき，それに伴い，育成を目指す資質・能力が更に伸ばされていくのである。

なお，「見方・考え方」は，問題解決の活動を通して育成を目指す資質・能力としての「知識」や「思考力，判断力，表現力等」とは異なることに留意が必要である。

○ 「見通しをもって観察，実験を行うことなどを通して」について

ここでは，「見通しをもって」，「観察，実験を行うことなど」の二つの部分に分けて考えることにする。

「見通しをもつ」とは，児童が自然に親しむことによって見いだした問題に対して，予想や仮説をもち，それらを基にして観察，実験などの解決の方法を発想

することである。児童が「見通しをもつ」ことには，以下のような意義が考えられる。

　児童は，既習の内容や生活経験を基にしながら，問題の解決を図るための根拠のある予想や仮説，さらには，それを確かめるための観察，実験の方法を発想することになる。これは，児童が自分で発想した予想や仮説，そして，それらを確かめるために発想した解決の方法で観察，実験などを行うということであり，このようにして得られた観察，実験の結果においても，自らの活動としての認識をもつことになる。このことにより，観察，実験は児童自らの主体的な問題解決の活動となるのである。

　また，児童が見通しをもつことにより，予想や仮説と観察，実験の結果の一致，不一致が明確になる。両者が一致した場合には，児童は予想や仮説を確認したことになる。一方，両者が一致しない場合には，児童は予想や仮説，又はそれらを基にして発想した解決の方法を振り返り，それらを見直し，再検討を加えることになる。いずれの場合でも，予想や仮説又は解決の方法の妥当性を検討したという意味において意義があり，価値があるものである。このような過程を通して，児童は，自らの考えを大切にしながらも，他者の考えや意見を受け入れ，様々な視点から自らの考えを柔軟に見直し，その妥当性を検討する態度を身に付けることになると考えられる。

　なお，児童がもつ見通しは一律ではなく，児童の発達や状況によってその精緻さなどが異なるものであることから，十分配慮する必要がある。

　「観察，実験を行うことなど」については，以下のような意義が考えられる。

　理科の観察，実験などの活動は，児童が自ら目的，問題意識をもって意図的に自然の事物・現象に働きかけていく活動である。そこでは，児童は自らの予想や仮説に基づいて，観察，実験などの計画や方法を工夫して考えることになる。観察，実験などの計画や方法は，予想や仮説を自然の事物・現象で検討するための手続き・手段であり，理科における重要な検討の形式として考えることができる。

　ここで，観察は，実際の時間，空間の中で具体的な自然の事物・現象の存在や変化を捉えることである。視点を明確にもち，周辺の状況にも意識を払いつつ，その様相を自らの諸感覚を通して捉えようとする活動である。一方，実験は，人為的に整えられた条件の下で，装置を用いるなどしながら，自然の事物・現象の存在や変化を捉えることである。自然の事物・現象からいくつかの変数を抽出し，それらを組み合わせ，意図的な操作を加える中で，結果を得ようとする活動である。観察，実験は明確に切り分けられない部分もあるが，それぞれの活動の特徴を意識しながら指導することが大切である。

なお,「観察,実験を行うことなど」の「など」には,自然の事物・現象から問題を見いだす活動,観察,実験の結果を基に考察する活動,結論を導きだす活動が含まれる。

○ 「自然の事物・現象についての問題を科学的に解決する」について

児童が見いだした問題を解決していく際,理科では,「科学的に解決する」ということが重要である。

科学とは,人間が長い時間をかけて構築してきたものであり,一つの文化として考えることができる。科学は,その扱う対象や方法論などの違いにより,専門的に分化して存在し,それぞれ体系として緻密で一貫した構造をもっている。また,最近では専門的な科学の分野が融合して,新たな科学の分野が生まれている。

科学が,それ以外の文化と区別される基本的な条件としては,実証性,再現性,客観性などが考えられる。実証性とは,考えられた仮説が観察,実験などによって検討することができるという条件である。再現性とは,仮説を観察,実験などを通して実証するとき,人や時間や場所を変えて複数回行っても同一の実験条件下では,同一の結果が得られるという条件である。客観性とは,実証性や再現性という条件を満足することにより,多くの人々によって承認され,公認されるという条件である。

「科学的」ということは,これらの条件を検討する手続きを重視するという側面から捉えることができる。つまり,「問題を科学的に解決する」ということは,自然の事物・現象についての問題を,実証性,再現性,客観性などといった条件を検討する手続きを重視しながら解決していくということと考えられる。

このような手続きを重視するためには,主体的で対話的な学びが欠かせない。児童は,問題解決の活動の中で,互いの考えを尊重しながら話し合い,既にもっている自然の事物・現象についての考えを,少しずつ科学的なものに変容させていくのである。

さらに,児童は,問題を科学的に解決することによって,一つの問題を解決するだけに留まらず,獲得した知識を適用して,「理科の見方・考え方」を働かせ,新たな問題を見いだし,その問題の解決に向かおうとする。この営みこそが問い続けることであり,自ら自然の事物・現象についての考えを少しずつ科学的なものに変容させることにつながるのである。そのためには,問題を解決することに喜びを感じるとともに,「知らないことがあることに気付く」ことにも価値を見いだすことができる児童を育成していくことが重要であると考えられる。

(1) 自然の事物・現象についての理解を図り，観察，実験などに関する基本的な技能を身に付けるようにすること

　児童は，自ら自然の事物・現象に働きかけ，問題を解決していくことにより，自然の事物・現象の性質や規則性などを把握する。その際，児童は，問題解決の過程を通して，あらかじめもっている自然の事物・現象についてのイメージや素朴な概念などを，既習の内容や生活経験，観察，実験などの結果から導きだした結論と意味付けたり，関係付けたりして，より妥当性の高いものに更新していく。このことは，自然の事物・現象について，より深く理解することにつながっていくのである。このような理解は，その段階での児童の発達や経験に依存したものであるが，自然の事物・現象についての科学的な理解の一つと考えることができる。

　観察，実験などに関する技能については，器具や機器などを目的に応じて工夫して扱うとともに，観察，実験の過程やそこから得られた結果を適切に記録することが求められる。児童が問題解決の過程において，解決したい問題に対する結論を導きだす際，重要になるのは，観察，実験の結果である。観察，実験などに関する技能を身に付けることは，自然の事物・現象についての理解や問題解決の力の育成に関わる重要な資質・能力の一つである。

　なお，「観察，実験など」の「など」には，自然の性質や規則性を適用したものづくりや，栽培，飼育の活動が含まれる。

(2) 観察，実験などを行い，問題解決の力を養うこと

　児童が自然の事物・現象に親しむ中で興味・関心をもち，そこから問題を見いだし，予想や仮説を基に観察，実験などを行い，結果を整理し，その結果を基に結論を導きだすといった問題解決の過程の中で，問題解決の力が育成される。小学校では，学年を通して育成を目指す問題解決の力を示している。

　第3学年では，主に差異点や共通点を基に，問題を見いだすといった問題解決の力の育成を目指している。この力を育成するためには，複数の自然の事物・現象を比較し，その差異点や共通点を捉えることが大切である。第4学年では，主に既習の内容や生活経験を基に，根拠のある予想や仮説を発想するといった問題解決の力の育成を目指している。この力を育成するためには，自然の事物・現象同士を関係付けたり，自然の事物・現象と既習の内容や生活経験と関係付けたりすることが大切である。第5学年では，主に予想や仮説を基に，解決の方法を発想するといった問題解決の力の育成を目指している。この力を育成するためには，自然の事物・現象に影響を与えると考える要因を予想し，どの要因が影響を与えるかを調べる際に，これらの条件を制御するといった考え方を用いることが

1 教科の目標

大切である。第6学年では，主により妥当な考えをつくりだすといった問題解決の力の育成を目指している。より妥当な考えをつくりだすとは，自分が既にもっている考えを検討し，より科学的なものに変容させることである。この力を育成するためには，自然の事物・現象を多面的に考えることが大切である。

　これらの問題解決の力は，その学年で中心的に育成するものであるが，実際の指導に当たっては，他の学年で掲げている問題解決の力の育成についても十分に配慮することや，内容区分や単元の特性によって扱い方が異なること，中学校における学習につなげていくことにも留意する必要がある。

(3) 自然を愛する心情や主体的に問題解決しようとする態度を養うこと

　児童は，植物の栽培や昆虫の飼育という体験活動を通して，その成長を喜んだり，昆虫の活動の不思議さや面白さを感じたりする。また，植物や昆虫を大切に育てていたにもかかわらず枯れてしまったり，死んでしまったりするような体験をすることもあり，植物の栽培や昆虫の飼育などの意義を児童に振り返らせることにより，生物を愛護しようとする態度が育まれてくる。

　また，植物の結実の過程や動物の発生や成長について観察したり，調べたりする中で，生命の連続性や神秘性に思いをはせたり，自分自身を含む動植物は，互いにつながっており，周囲の環境との関係の中で生きていることを考えたりすることを通して，生命を尊重しようとする態度が育まれてくる。

　理科では，このような体験を通して，自然を愛する心情を育てることが大切であることは言うまでもない。ただし，その際，人間を含めた生物が生きていくためには，水や空気，食べ物，太陽のエネルギーなどが必要なことなどの理解も同時に大切にする必要がある。

　さらに，自然環境と人間との共生の手立てを考えながら自然を見直すことや実験などを通して自然の秩序や規則性などに気付くことも，自然を愛する心情を育てることにつながると考えられる。

　主体的に問題解決しようとする態度とは，一連の問題解決の活動を，児童自らが行おうとすることによって表出された姿である。

　児童は，自然の事物・現象に進んで関わり，問題を見いだし，見通しをもって追究していく。追究の過程では，自分の学習活動を振り返り，意味付けをしたり，身に付けた資質・能力を自覚したりするとともに，再度自然の事物・現象や日常生活を見直し，学習内容を深く理解したり，新しい問題を見いだしたりする。このような姿には，意欲的に自然の事物・現象に関わろうとする態度，粘り強く問題解決しようとする態度，他者と関わりながら問題解決しようとする態度，学んだことを自然の事物・現象や日常生活に当てはめてみようとする態度な

どが表れている。小学校理科では，このような態度の育成を目指していくことが
大切である。

第2節　理科の内容構成

　理科では，様々な自然の事物・現象を対象にして学習を行う。そして，理科の学習を通して，自然の事物・現象についての理解を図り，観察，実験などに関する基本的な技能を身に付けるようにするとともに，問題解決の力や自然を愛する心情，主体的に問題解決しようとする態度を養うことを目標としている。自然の事物・現象を対象として，このような目標を実現するために，対象の特性や児童の構築する考えなどに基づいて，次のような内容の区分に整理した。

1　A物質・エネルギー

　身近な自然の事物・現象の中には，時間，空間の尺度の小さい範囲内で直接実験を行うことにより，対象の特徴や変化に伴う現象や働きを，何度も人為的に再現させて調べることができやすいという特性をもっているものがある。児童は，このような特性をもった対象に主体的，計画的に操作や制御を通して働きかけ，追究することにより，対象の性質や働き，規則性などについての考えを構築することができる。主にこのような対象の特性や児童の構築する考えなどに対応した学習の内容区分が「A物質・エネルギー」である。

　「A物質・エネルギー」の指導に当たっては，実験の結果から得られた性質や働き，規則性などを活用したものづくりを充実させるとともに，「エネルギー」，「粒子」といった科学の基本的な概念等を柱として，内容の系統性が図られていることに留意する必要がある。

　「エネルギー」といった科学の基本的な概念等は，更に「エネルギーの捉え方」，「エネルギーの変換と保存」，「エネルギー資源の有効利用」に分けて考えられる。「粒子」といった科学の基本的な概念等は，更に「粒子の存在」，「粒子の結合」，「粒子の保存性」，「粒子のもつエネルギー」に分けて考えられる。

　なお，「エネルギー」，「粒子」といった科学の基本的な概念等は，知識及び技能の確実な定着を図る観点から，児童の発達の段階を踏まえ，小学校，中学校，高等学校を通じた理科の内容の構造化を図るために設けられた柱である。小学校及び中学校を通した「エネルギー」，「粒子」を柱とした内容の構成を図1（22,23ページ）に示す。

2　B生命・地球

　自然の事物・現象の中には，生物のように環境との関わりの中で生命現象を維

持していたり，地層や天体などのように時間，空間の尺度が大きいという特性をもったりしているものがある。児童は，このような特性をもった対象に主体的，計画的に諸感覚を通して働きかけ，追究することにより，対象の成長や働き，環境との関わりなどについての考えを構築することができる。主にこのような対象の特性や児童の構築する考えなどに対応した学習の内容区分が「B生命・地球」である。

「B生命・地球」の指導に当たっては，自然を愛する心情を養うとともに，「生命」，「地球」といった科学の基本的な概念等を柱として，内容の系統性が図られていることに留意する必要がある。

「生命」といった科学の基本的な概念等は，更に「生物の構造と機能」，「生命の連続性」，「生物と環境の関わり」に分けて考えられる。「地球」といった科学の基本的な概念等は，更に「地球の内部と地表面の変動」，「地球の大気と水の循環」，「地球と天体の運動」に分けて考えられる。

なお，「生命」，「地球」といった科学の基本的な概念等は，知識及び技能の確実な定着を図る観点から，児童の発達の段階を踏まえ，小学校，中学校，高等学校を通じた理科の内容の構造化を図るために設けられた柱である。

小学校及び中学校を通した「生命」，「地球」を柱とした内容の構成を図2（24，25ページ）に示す。

図1 小学校・中学校理科の「エネルギー」,「粒子」を柱とした内容の構成

校種	学年	エネルギー		
		エネルギーの捉え方	エネルギーの変換と保存	エネルギー資源の有効利用
小学校	第3学年	**風とゴムの力の働き** ・風の力の働き ・ゴムの力の働き　　**光と音の性質** ・光の反射・集光 ・光の当て方と明るさや暖かさ ・音の伝わり方と大小	**磁石の性質** ・磁石に引き付けられる物 ・異極と同極　　**電気の通り道** ・電気を通すつなぎ方 ・電気を通す物	
	第4学年		**電流の働き** ・乾電池の数とつなぎ方	
	第5学年	**振り子の運動** ・振り子の運動	**電流がつくる磁力** ・鉄心の磁化，極の変化 ・電磁石の強さ	
	第6学年	**てこの規則性** ・てこのつり合いの規則性 ・てこの利用	**電気の利用** ・発電（光電池（小4から移行）を含む），蓄電 ・電気の変換 ・電気の利用	
中学校	第1学年	**力の働き** ・力の働き（2力のつり合い（中3から移行）を含む）　　**光と音** ・光の反射・屈折（光の色を含む） ・凸レンズの働き ・音の性質		
	第2学年	**電流** ・回路と電流・電圧 ・電流・電圧と抵抗 ・電気とそのエネルギー（電気による発熱（小6から移行）を含む） ・静電気と電流（電子，放射線を含む） **電流と磁界** ・電流がつくる磁界 ・磁界中の電流が受ける力 ・電磁誘導と発電		
	第3学年	**力のつり合いと合成・分解** ・水中の物体に働く力（水圧，浮力（中1から移行）を含む） ・力の合成・分解 **運動の規則性** ・運動の速さと向き ・力と運動 **力学的エネルギー** ・仕事とエネルギー ・力学的エネルギーの保存	**エネルギーと物質** ・エネルギーとエネルギー資源（放射線を含む） ・様々な物質とその利用（プラスチック（中1から移行）を含む） ・科学技術の発展	**自然環境の保全と科学技術の利用** ・自然環境の保全と科学技術の利用 〈第2分野と共通〉

第2章 理科の目標及び内容

実線は新規項目。破線は移行項目。

粒　子			
粒子の存在	粒子の結合	粒子の保存性	粒子のもつエネルギー
		物と重さ ・形と重さ ・体積と重さ	
空気と水の性質 ・空気の圧縮 ・水の圧縮			**金属，水，空気と温度** ・温度と体積の変化 ・温まり方の違い ・水の三態変化
		物の溶け方（溶けている物の均一性（中1から移行）を含む） ・重さの保存 ・物が水に溶ける量の限度 ・物が水に溶ける量の変化	
	燃焼の仕組み ・燃焼の仕組み	**水溶液の性質** ・酸性，アルカリ性，中性 ・気体が溶けている水溶液 ・金属を変化させる水溶液	
物質のすがた ・身の回りの物質とその性質 ・気体の発生と性質		**水溶液** ・水溶液	**状態変化** ・状態変化と熱 ・物質の融点と沸点
物質の成り立ち ・物質の分解 ・原子・分子	**化学変化** ・化学変化 ・化学変化における酸化と還元 ・化学変化と熱		
		化学変化と物質の質量 ・化学変化と質量の保存 ・質量変化の規則性	
水溶液とイオン ・原子の成り立ちとイオン ・酸・アルカリ ・中和と塩			
化学変化と電池 ・金属イオン ・化学変化と電池			

2 理科の内容構成

図2　小学校・中学校理科の「生命」,「地球」を柱とした内容の構成

校種	学年	生命		
		生物の構造と機能	生命の連続性	生物と環境の関わり
小学校	第3学年	**身の回りの生物** ・身の回りの生物と環境との関わり ・昆虫の成長と体のつくり ・植物の成長と体のつくり		
	第4学年	**人の体のつくりと運動** ・骨と筋肉 ・骨と筋肉の働き	**季節と生物** ・動物の活動と季節 ・植物の成長と季節	
	第5学年		**植物の発芽，成長，結実** ・種子の中の養分 ・発芽の条件 ・成長の条件 ・植物の受粉，結実　　**動物の誕生** ・卵の中の成長 ・母体内の成長	
	第6学年	**人の体のつくりと働き** ・呼吸 ・消化・吸収 ・血液循環 ・主な臓器の存在　**植物の養分と水の通り道** ・でんぷんのでき方 ・水の通り道		**生物と環境** ・生物と水，空気との関わり ・食べ物による生物の関係（水中の小さな生物（小5から移行）を含む） ・人と環境
中学校	第1学年	**生物の観察と分類の仕方** ・生物の観察 ・<u>生物の特徴と分類の仕方</u> **生物の体の共通点と相違点** ・植物の体の共通点と相違点 ・<u>動物の体の共通点と相違点</u> 　（中2から移行）		
	第2学年	**生物と細胞** ・生物と細胞 **植物の体のつくりと働き** ・<u>葉・茎・根のつくりと働き</u> 　（中1から移行） **動物の体のつくりと働き** ・生命を維持する働き ・刺激と反応		
	第3学年		**生物の成長と殖え方** ・細胞分裂と生物の成長 ・生物の殖え方 **遺伝の規則性と遺伝子** ・遺伝の規則性と遺伝子 **生物の種類の多様性と進化** ・<u>生物の種類の多様性と進化</u> 　（中2から移行）	**生物と環境** ・自然界のつり合い ・自然環境の調査と環境保全 ・地域の自然災害 **自然環境の保全と科学技術の利用** ・自然環境の保全と科学技術の利用 〈第1分野と共通〉

実線は新規項目。破線は移行項目。

地球		
地球の内部と地表面の変動	地球の大気と水の循環	地球と天体の運動
	太陽と地面の様子 ・日陰の位置と太陽の位置の変化 ・地面の暖かさや湿り気の違い	
雨水の行方と地面の様子 ・地面の傾きによる水の流れ ・土の粒の大きさと水のしみ込み方	**天気の様子** ・天気による1日の気温の変化 ・水の自然蒸発と結露	**月と星** ・月の形と位置の変化 ・星の明るさ, 色 ・星の位置の変化
流れる水の働きと土地の変化 ・流れる水の働き ・川の上流・下流と川原の石 ・雨の降り方と増水	**天気の変化** ・雲と天気の変化 ・天気の変化の予想	
土地のつくりと変化 ・土地の構成物と地層の広がり（化石を含む） ・地層のでき方 ・火山の噴火や地震による土地の変化		**月と太陽** ・月の位置や形と太陽の位置
身近な地形や地層, 岩石の観察 ・身近な地形や地層, 岩石の観察 **地層の重なりと過去の様子** ・地層の重なりと過去の様子 **火山と地震** ・火山活動と火成岩 ・地震の伝わり方と地球内部の働き **自然の恵みと火山災害・地震災害** ・自然の恵みと火山災害・地震災害（中3から移行）		
	気象観測 ・気象要素（圧力（中1の第1分野から移行）を含む） ・気象観測 **天気の変化** ・霧や雲の発生 ・前線の通過と天気の変化 **日本の気象** ・日本の天気の特徴 ・大気の動きと海洋の影響 **自然の恵みと気象災害** ・自然の恵みと気象災害（中3から移行）	
		天体の動きと地球の自転・公転 ・日周運動と自転 ・年周運動と公転
		太陽系と恒星 ・太陽の様子 ・惑星と恒星 ・月や金星の運動と見え方

2 理科の内容構成

図3 思考力，判断力，表現力等及び学びに向かう力，人間性等に関する学習指導要領の主な記載

校種	資質・能力	学年	エネルギー	粒子	生命	地球
小学校	思考力、判断力、表現力等	第3学年	(比較しながら調べる活動を通して) 自然の事物・現象について追究する中で，差異点や共通点を基に，問題を見いだし，表現すること。			
		第4学年	(関係付けて調べる活動を通して) 自然の事物・現象について追究する中で，既習の内容や生活経験を基に，根拠のある予想や仮説を発想し，表現すること。			
		第5学年	(条件を制御しながら調べる活動を通して) 自然の事物・現象について追究する中で，予想や仮説を基に，解決の方法を発想し，表現すること。			
		第6学年	(多面的に調べる活動を通して) 自然の事物・現象について追究する中で，より妥当な考えをつくりだし，表現すること。			
	学びに向かう力、人間性等		主体的に問題解決しようとする態度を養う。		生物を愛護する（生命を尊重する）態度を養う。	

※ 各学年で育成を目指す思考力，判断力，表現力等については，該当学年において育成することを目指す力のうち，主なものを示したものであり，他の学年で掲げている力の育成についても十分に配慮すること。

校種	資質・能力	学年	エネルギー	粒子	生命	地球
中学校	思考力、判断力、表現力等	第1学年	問題を見いだし見通しをもって観察，実験などを行い，【規則性，関係性，共通点や相違点，分類するための観点や基準】を見いだして表現すること。			
		第2学年	見通しをもって解決する方法を立案して観察，実験などを行い，その結果を分析して解釈し，【規則性や関係性】を見いだして表現すること。			
		第3学年	見通しをもって観察，実験などを行い，その結果（や資料）を分析して解釈し，【特徴，規則性，関係性】を見いだして表現すること。また，探究の過程を振り返ること。			
			見通しをもって観察，実験などを行い，その結果を分析して解釈するとともに，自然環境の保全と科学技術の利用の在り方について，科学的に考察して判断すること。		観察，実験などを行い，自然環境の保全と科学技術の利用の在り方について，科学的に考察して判断すること。	
	学びに向かう力、人間性等		【第1分野】 物質やエネルギーに関する事物・現象に進んで関わり，科学的に探究しようとする態度を養う。		【第2分野】 生命や地球に関する事物・現象に進んで関わり，科学的に探究しようとする態度，生命を尊重し，自然環境の保全に寄与する態度を養う。	

※ 内容の(1)から(7)までについては，それぞれのアに示す知識及び技能とイに示す思考力，判断力，表現力等とを相互に関連させながら，3年間を通じて科学的に探究するために必要な資質・能力の育成を目指すものとする。

第3節　学年目標と学年内容の構成の考え方

1　学年目標の構成の考え方

　各学年の目標は，教科の目標である，自然の事物・現象についての理解や観察，実験などに関する基本的な技能，問題解決の力，自然を愛する心情や主体的に問題解決しようとする態度が育成できるように構成されている。また，学習対象の特性や児童が働かせる「見方・考え方」を考慮して，「A物質・エネルギー」，「B生命・地球」の二つの内容区分に対応させるとともに，資質・能力の三つの柱で整理して示している。

　各学年の「A物質・エネルギー」，「B生命・地球」のそれぞれの内容の目標には，以下の諸点が共通して取り上げられている。

(1)　学年ごとに，例えば，「……についての理解を図り」のように，習得する知識の内容を示している。

(2)　教科の目標で問題解決の力の育成を重視していることを受けて，「差異点や共通点を基に，問題を見いだす力」，「既習の内容や生活経験を基に，根拠のある予想や仮説を発想する力」，「予想や仮説を基に，解決の方法を発想する力」，「より妥当な考えをつくりだす力」など，各学年で重点を置いて育成を目指す問題解決の力を目標として位置付けている。

(3)　教科の目標で自然を愛する心情を重視したことに伴い，各学年の「B生命・地球」に関する目標に，生物を愛護する態度や生命を尊重する態度を位置付けている。

2　学年内容の構成の考え方

　各学年の内容は，児童が「A物質・エネルギー」，「B生命・地球」に関わる対象について問題解決の活動を進め，それぞれの学年の状況に応じてその目標を達成できるように，原則として次の観点と順序により構成されている。

(1)　初めに「風とゴムの力の働きについて，……」のように，学習の対象を示す。

(2)　次に「力と物の動く様子に着目して，……」のように，資質・能力を身に付けるために，児童が自然の事物・現象を捉えるための視点を示す。例えば，第3学年「A (2) 風とゴムの力の働き」は，「エネルギー」についての基本的な概念を柱とした内容に関わるものであり，主として「量的・関係的」な視点で捉えようとしたときに，児童は，風とゴムの力の大きさと物の動く様子に着目して，問題解決の活動を行うと考えられる。

(3) そして「……比較しながら調べる活動を通して，……」のように，資質・能力を身に付けるために考え方を働かせた活動を示す。

(4) アの内容は，育成を目指す資質・能力のうち，習得する知識を示し，観察，実験などに関する技能を身に付けることを示す。

(5) (ｱ)，(ｲ)，……の内容は，学習の結果として児童がもつことが期待される対象についての知識を示す。

(6) イの内容は，育成を目指す資質・能力のうち，思考力，判断力，表現力等の内容を示す。

(7) 各学年の内容の解説は，原則として，次の観点と順序により構成されている。

① 初めに「本内容は……」として，「エネルギー」，「粒子」，「生命」，「地球」の科学の基本的な概念等の柱のうち，どの概念等に関わるのかを示し，更に内容の系統性を示す。

② 次に「ここでは……」として，その内容についての学習のねらいを示す。

③ (ｱ)，(ｲ)，……では，まず，内容に関する自然の事物・現象を捉える視点と考え方及び児童の活動を示す。次に，それらの活動を通して，児童に育成を目指す思考力，判断力，表現力等と，児童がもつことが期待される対象についての知識を示す。なお，各内容のア，イは，相互に関連し合いながら育成されるものであることから，ア，イを個別に示すのではなく，「これらの活動を通して……」以下で，一体として示している。

④ そして「ここで扱う対象としては……」として，その内容で扱うことが考えられる対象や扱い方を示す。

⑤ 更に「ここでの指導に当たっては……」として，「第4章 2 内容の取扱いについての配慮事項」を踏まえ，言語活動の充実，コンピュータや情報通信ネットワークなどの活用，直接体験の充実，他教科等との関連，博物館や科学学習センターなどとの連携などといった観点から，指導に当たって留意すべき点などを示す。

⑥ 続いて「日常生活との関連として……」として，日常生活との関連を示す。

⑦ 終わりに「なお，……」として，事故防止のために留意すべき点などを示す。

第3章　各学年の目標及び内容

第1節　第3学年の目標及び内容

1　第3学年の目標

> (1) 物質・エネルギー
> ① 物の性質，風とゴムの力の働き，光と音の性質，磁石の性質及び電気の回路についての理解を図り，観察，実験などに関する基本的な技能を身に付けるようにする。
> ② 物の性質，風とゴムの力の働き，光と音の性質，磁石の性質及び電気の回路について追究する中で，主に差異点や共通点を基に，問題を見いだす力を養う。
> ③ 物の性質，風とゴムの力の働き，光と音の性質，磁石の性質及び電気の回路について追究する中で，主体的に問題解決しようとする態度を養う。
>
> (2) 生命・地球
> ① 身の回りの生物，太陽と地面の様子についての理解を図り，観察，実験などに関する基本的な技能を身に付けるようにする。
> ② 身の回りの生物，太陽と地面の様子について追究する中で，主に差異点や共通点を基に，問題を見いだす力を養う。
> ③ 身の回りの生物，太陽と地面の様子について追究する中で，生物を愛護する態度や主体的に問題解決しようとする態度を養う。

　第3学年の目標は，自然の事物・現象について，理科の見方・考え方を働かせ，問題を追究する活動を通して，物の性質，風とゴムの力の働き，光と音の性質，磁石の性質及び電気の回路，身の回りの生物，太陽と地面の様子についての理解を図り，観察，実験などに関する基本的な技能を身に付けるようにするとともに，問題解決の力や生物を愛護する態度，主体的に問題解決しようとする態度を養うことである。

　特に，本学年では，学習の過程において，自然の事物・現象の差異点や共通点を基に，問題を見いだすといった問題解決の力を育成することに重点が置かれている。

なお，理科の学習が，小学校第3学年から開始されることを踏まえ，生活科の学習との関連を考慮し，体験的な活動を多く取り入れるとともに，問題解決の過程の中で，「理科の見方・考え方」を働かせ，問題を追究していくという理科の学習の仕方を身に付けることができるよう配慮する。

(1) 「A物質・エネルギー」に関わる目標

本区分では，物の性質，風とゴムの力の働き，光と音の性質，磁石の性質及び電気の回路についての理解を図り，観察，実験などに関する基本的な技能を身に付けるようにするとともに，主に差異点や共通点を基に，問題を見いだすといった問題解決の力や主体的に問題解決しようとする態度を養うことが目標である。

ここでは，「粒子」についての基本的な概念等を柱とした内容として，「A (1) 物と重さ」を設定する。「A (1) 物と重さ」については，物の形や体積に着目して，重さを比較しながら調べ，物の形や体積と重さとの関係を捉えるようにする。

また，「エネルギー」についての基本的な概念等を柱とした内容として，「A (2) 風とゴムの力の働き」，「A (3) 光と音の性質」，「A (4) 磁石の性質」及び「A (5) 電気の通り道」を設定する。「A (2) 風とゴムの力の働き」については，風とゴムの力と物の動く様子に着目して，それらを比較しながら調べ，風とゴムの力の働きを捉えるようにする。「A (3) 光と音の性質」については，光を当てたときの明るさや暖かさ，音を出したときの震え方に着目して，光の強さや音の大きさを変えたときの現象の違いを比較しながら調べ，光と音の性質を捉えるようにする。「A (4) 磁石の性質」については，磁石を身の回りの物に近付けたときの様子に着目して，それらを比較しながら調べ，磁石の性質を捉えるようにする。「A (5) 電気の通り道」については，乾電池と豆電球などのつなぎ方と乾電池につないだ物の様子に着目して，電気を通すときと通さないときのつなぎ方を比較しながら調べ，電気の回路を捉えるようにする。

(2) 「B生命・地球」に関わる目標

本区分では，身の回りの生物，太陽と地面の様子についての理解を図り，観察，実験などに関する基本的な技能を身に付けるようにするとともに，主に差異点や共通点を基に，問題を見いだすといった問題解決の力や生物を愛護する態度，主体的に問題解決しようとする態度を養うことが目標である。

ここでは，「生命」についての基本的な概念等を柱とした内容として，「B (1) 身の回りの生物」を設定する。「B (1) 身の回りの生物」については，身の回りの生物を探したり育てたりする中で，これらの様子や周辺の環境，成長の過程や

体のつくりに着目して，それらを比較しながら調べ，身の回りの生物と環境との関わり，昆虫や植物の成長のきまりや体のつくりを捉えるようにする。

また，「地球」についての基本的な概念等を柱とした内容として，「B (2) 太陽と地面の様子」を設定する。「B (2) 太陽と地面の様子」については，日なたと日陰の様子に着目して，それらを比較しながら調べ，太陽と地面の様子との関係を捉えるようにする。

2　第3学年の内容

A　物質・エネルギー

(1) 物と重さ

> 　物の性質について，形や体積に着目して，重さを比較しながら調べる活動を通して，次の事項を身に付けることができるよう指導する。
> ア　次のことを理解するとともに，観察，実験などに関する技能を身に付けること。
> 　(ｱ) 物は，形が変わっても重さは変わらないこと。
> 　(ｲ) 物は，体積が同じでも重さは違うことがあること。
> イ　物の形や体積と重さとの関係について追究する中で，差異点や共通点を基に，物の性質についての問題を見いだし，表現すること。

　本内容は，「粒子」についての基本的な概念等を柱とした内容のうちの「粒子の保存性」に関わるものであり，第5学年「A (1) 物の溶け方」の学習につながるものである。

　ここでは，児童が，物の形や体積に着目して，重さを比較しながら，物の性質を調べる活動を通して，それらについての理解を図り，観察，実験などに関する技能を身に付けるとともに，主に差異点や共通点を基に，問題を見いだす力や主体的に問題解決しようとする態度を育成することがねらいである。

　(ｱ) 物の形に着目して，数種の身の回りにある形を変えられる物を，広げたり，いくつかに分けて丸めたりするなどして形を変え，手ごたえなどの体感を基に，てんびんを用いたり，自動上皿はかりを用いて重さを数値化したりして，重さを比較しながら調べる。これらの活動を通して，差異点や共通点を基に，形を変えたときの重さの変化についての問題を見いだし，表現するとともに，物は，形が変わっても重さは変わらないことを捉えるようにす

る。
(イ) 物の体積に着目して，複数の種類の身の回りにある物を，体積を同じにして，手ごたえなどの体感を基に，てんびんを用いたり，自動上皿はかりを用いて重さを数値化したりして，重さの違いを比較しながら調べる。これらの活動を通して，差異点や共通点を基に，体積を同じにしたときの重さの違いについての問題を見いだし，表現するとともに，物は，体積が同じでも重さは違うことがあることを捉えるようにする。

ここで扱う対象としては，(ア)については，粘土やアルミニウム箔など，広げたり，丸めたりして形を変えることが容易な物，(イ)については，児童の身の回りにある砂糖や食塩などといった粉状の物など，同体積にして重さの違いを比べることが容易な物や，同形・同体積の木や金属などが考えられる。

ここでの指導に当たっては，物の重さを手ごたえなどの体感を通して調べるとともに，てんびんを用いて比べたり，自動上皿はかりを用いて調べた結果を表に整理したりして，物の形や体積と重さとの関係について考えたり，説明したりする活動の充実を図るようにする。これらの機器の使用や重さの単位については，算数科の学習との関連を図るようにする。

(2) 風とゴムの力の働き

> 風とゴムの力の働きについて，力と物の動く様子に着目して，それらを比較しながら調べる活動を通して，次の事項を身に付けることができるよう指導する。
> ア　次のことを理解するとともに，観察，実験などに関する技能を身に付けること。
> 　(ア)　風の力は，物を動かすことができること。また，風の力の大きさを変えると，物が動く様子も変わること。
> 　(イ)　ゴムの力は，物を動かすことができること。また，ゴムの力の大きさを変えると，物が動く様子も変わること。
> イ　風とゴムの力で物が動く様子について追究する中で，差異点や共通点を基に，風とゴムの力の働きについての問題を見いだし，表現すること。

本内容は，「エネルギー」についての基本的な概念等を柱とした内容のうちの「エネルギーの捉え方」に関わるものであり，第5学年「A(2)振り子の運動」の学習につながるものである。

ここでは，児童が，風とゴムの力と物の動く様子に着目して，それらを比較しながら，風とゴムの力の働きを調べる活動を通して，それらについての理解を図り，観察，実験などに関する技能を身に付けるとともに，主に差異点や共通点を基に，問題を見いだす力や主体的に問題解決しようとする態度を育成することがねらいである。

(ア) 風の力で動く物をつくり，物に風を当てたときの風の力の大きさと物の動く様子に着目して，それらを比較しながら，風の力の大きさと物の動く様子との関係を調べる。これらの活動を通して，差異点や共通点を基に，風の力の働きについての問題を見いだし，表現するとともに，風の力は，物を動かすことができることや，風の力の大きさを変えると，物が動く様子も変わることを捉えるようにする。

(イ) ゴムの力で動く物をつくり，ゴムを引っぱったり，ねじったりしたときの元に戻ろうとする力の大きさと物の動く様子に着目して，それらを比較しながら，ゴムの元に戻ろうとする力の大きさと物の動く様子との関係を調べる。これらの活動を通して，差異点や共通点を基に，ゴムの力の働きについての問題を見いだし，表現するとともに，ゴムの力は，物を動かすことができることや，ゴムの力の大きさを変えると，物が動く様子も変わることを捉えるようにする。

　ここで扱う対象としては，(ア)については，例えば，風の強さを変えることができる送風器などを用いて起こした風が考えられる。また，(イ)については，例えば，長さや太さが同じゴムが考えられる。その際，ゴムを複数束ねたり，引っぱる長さを変えたりして，その力の大きさを変えることが考えられる。

　ここでの指導に当たっては，生活科の学習との関連を考慮しながら，風を受けたときやゴムの力を働かせたときの手ごたえなどの体感を基にした活動を重視するようにする。また，風の強さやゴムの伸びなどと物の動きとの関係を表に整理するなど，風とゴムの力の働きについて考えたり，説明したりする活動の充実を図るようにする。さらに，風やゴムの力で動く物の動きや動く距離を変えるなど，活動の目的によって風やゴムの力を調整することが考えられる。

　なお，ゴムを扱う際には，安全な使用に配慮するように指導する。

(3) 光と音の性質

> 　光と音の性質について，光を当てたときの明るさや暖かさ，音を出したときの震え方に着目して，光の強さや音の大きさを変えたときの違いを比較しながら調べる活動を通して，次の事項を身に付けることができ

> ア 次のことを理解するとともに，観察，実験などに関する技能を身に付けること。
>
>   (ｱ) 日光は直進し，集めたり反射させたりできること。
>
>   (ｲ) 物に日光を当てると，物の明るさや暖かさが変わること。
>
>   (ｳ) 物から音が出たり伝わったりするとき，物は震えていること。また，音の大きさが変わるとき物の震え方が変わること。
>
> イ 光を当てたときの明るさや暖かさの様子，音を出したときの震え方の様子について追究する中で，差異点や共通点を基に，光と音の性質についての問題を見いだし，表現すること。

本内容は，「エネルギー」についての基本的な概念等を柱とした内容のうちの「エネルギーの捉え方」に関わるものであり，中学校第１分野「(1)ア(ｱ)光と音」の学習につながるものである。

ここでは，児童が，光を当てたときの明るさや暖かさ，音を出したときの震え方に着目して，光の強さや音の大きさを変えたときの現象の違いを比較しながら，光と音の性質について調べる活動を通して，それらについての理解を図り，観察，実験などに関する技能を身に付けるとともに，主に差異点や共通点を基に，問題を見いだす力や主体的に問題解決しようとする態度を育成することがねらいである。

(ｱ) 平面鏡に日光を当てたときの，平面鏡の向きと光の様子に着目して，それらを比較しながら，光の進み方を調べる。これらの活動を通して，差異点や共通点を基に，光の性質についての問題を見いだし，表現するとともに，日光は直進すること，反射させることができること，反射した日光を重ねることができることを捉えるようにする。日光が直進することについては，身の回りで見られる日光の様子などから捉えることも考えられる。また，虫眼鏡を使い，日光を集めることができることを捉えるようにする。

(ｲ) 何枚かの平面鏡を使い，光を当てたときの物の明るさや暖かさに着目して，光の強さを変えたときの現象の違いを比較しながら，物の明るさや暖かさの違いを調べる。これらの活動を通して，差異点や共通点を基に，光の性質についての問題を見いだし，表現するとともに，物に日光を当てると，物の明るさや暖かさが変わることを捉えるようにする。また，虫眼鏡では，日光が集まったところを小さくすると明るさや暖かさが増し，黒い紙などが焦げることがあることも捉えるようにする。

(ｳ) 身の回りにある物を使って音を出したときの物の震え方に着目して，音の

大きさを変えたときの現象の違いを比較しながら，音の大きさと物の震え方との関係を調べる。これらの活動を通して，差異点や共通点を基に，音の性質についての問題を見いだし，表現するとともに，物から音が出たり伝わったりするときは物が震えていることや，音が大きいときは震え方が大きく，音が小さいときは震え方が小さいといった，音の大きさが震え方に関係していることを捉えるようにする。

　ここで扱う対象としては，光については日光とし，日光を当てた物の温度を測定する際には，放射温度計などを利用することが考えられる。また，平面鏡の代わりに，アルミニウム板などの光を反射させることができる物の使用が考えられる。音の大きさと物の震え方との関係を捉える道具については，児童が扱いやすい打楽器などが考えられる。また，音の伝わりを捉える活動としては，鉄棒や糸電話などを使うことなどが考えられる。

　ここでの指導に当たっては，生活科の学習との関連を考慮し，諸感覚を働かせながら明るさや暖かさ，音の大小，物の震え方などを捉えるようにする。また，日光の重なり方が変わると明るさや暖かさが変わることや，音の大きさが変わるとき，物の震え方が変わることについて，実験の結果を表に整理して比較するなど，光と音の性質について考えたり，説明したりする活動の充実を図るようにする。

　日常生活との関連として，光の反射が照明の反射板に活用されていることやスピーカーなどから音が出るとき，それが震えていることを取り上げることが考えられる。

　なお，平面鏡や虫眼鏡などを扱う際には，破損して，指を切ったり手を傷つけたりする危険が伴うので，その扱い方には十分気を付けるようにする。また，直接目で太陽を見たり，反射させた日光を人の顔に当てたり，虫眼鏡で集めた日光を衣服や生物に当てたりしないようにするなど，安全に配慮するように指導する。

(4) 磁石の性質

> 　磁石の性質について，磁石を身の回りの物に近付けたときの様子に着目して，それらを比較しながら調べる活動を通して，次の事項を身に付けることができるよう指導する。
> 　ア　次のことを理解するとともに，観察，実験などに関する技能を身に付けること。
> 　　(ｱ)　磁石に引き付けられる物と引き付けられない物があること。ま

　　　　　た，磁石に近付けると磁石になる物があること。
　　　(イ)　磁石の異極は引き合い，同極は退け合うこと。
　　イ　磁石を身の回りの物に近付けたときの様子について追究する中で，
　　　差異点や共通点を基に，磁石の性質についての問題を見いだし，表現
　　　すること。

（内容の取扱い）

　　(2)　内容の「Ａ物質・エネルギー」の(4)のアの(ア)については，磁石
　　　が物を引き付ける力は，磁石と物の距離によって変わることにも触れ
　　　ること。

　本内容は，「エネルギー」についての基本的な概念等を柱とした内容のうちの「エネルギーの捉え方」，「エネルギーの変換と保存」に関わるものであり，第5学年「Ａ(3)電流がつくる磁力」の学習につながるものである。
　ここでは，児童が，磁石を身の回りの物に近付けたときの様子に着目して，それらを比較しながら，磁石の性質について調べる活動を通して，それらについての理解を図り，観察，実験などに関する技能を身に付けるとともに，主に差異点や共通点を基に，問題を見いだす力や主体的に問題解決しようとする態度を育成することがねらいである。

(ア)　磁石を身の回りの物に近付けたときの，物の様子や特徴に着目して，それらを比較しながら，磁石に引き付けられる物や引き付けられない物を調べる。これらの活動を通して，差異点や共通点を基に，磁石の性質についての問題を見いだし，表現するとともに，磁石に引き付けられる物と引き付けられない物があることや，磁石に引き付けられる物には，磁石に近付けると磁石になる物があることを捉えるようにする。また，磁石に物が引き付けられる力を手ごたえなどで感じとったり，磁石を方位磁針に近付けて，その動き方を調べたりして，磁石と物との間を開けても引き付ける力が働いていることを捉えるようにする。その際，磁石が物を引き付ける力は，磁石と物の距離によって変わることにも触れるようにする。

(イ)　二つの磁石を近付け，磁石が相互に引き合ったり，退け合ったりする様子に着目して，それらを比較しながら，磁石の極を調べる。これらの活動を通して，差異点や共通点を基に，磁石の性質についての問題を見いだし，表現するとともに，磁石の異極は引き合い，同極は退け合うことを捉えるようにする。また，磁石を自由に動くようにしたときの，磁石が動いたり止まっ

りする様子から，磁石には形や大きさが違っていてもいつも南北の向きに止まるという性質があることを捉えるようにする。その際，北の方向を指している端を「N極」，南の方向を指している端を「S極」と名付けていることに触れるようにする。

ここで扱う対象としては，児童が扱いやすい棒磁石やU字型磁石などが考えられる。これらを使用する際には，磁気カードなど磁気の影響を受けやすい物に近付けないなど，適切な取扱いについて指導する。

ここでの指導に当たっては，磁石に引き付けられる物，引き付けられない物を調べる際に，実験の結果を表などに分類，整理するなど，磁石の性質について考えたり，説明したりする活動の充実を図るようにする。

日常生活との関連として，身の回りには，磁石の性質を利用した物が多数あることを取り上げることが考えられる。

(5) 電気の通り道

> 電気の回路について，乾電池と豆電球などのつなぎ方と乾電池につないだ物の様子に着目して，電気を通すときと通さないときのつなぎ方を比較しながら調べる活動を通して，次の事項を身に付けることができるよう指導する。
> ア　次のことを理解するとともに，観察，実験などに関する技能を身に付けること。
> 　(ｱ)　電気を通すつなぎ方と通さないつなぎ方があること。
> 　(ｲ)　電気を通す物と通さない物があること。
> イ　乾電池と豆電球などのつなぎ方と乾電池につないだ物の様子について追究する中で，差異点や共通点を基に，電気の回路についての問題を見いだし，表現すること。

本内容は，「エネルギー」についての基本的な概念等を柱とした内容のうちの「エネルギーの変換と保存」に関わるものであり，第4学年「A (3) 電流の働き」の学習につながるものである。

ここでは，児童が，乾電池と豆電球などのつなぎ方と乾電池につないだ物の様子に着目して，電気を通すときと通さないときのつなぎ方を比較しながら，電気の回路について調べる活動を通して，それらについての理解を図り，観察，実験などに関する技能を身に付けるとともに，主に差異点や共通点を基に，問題を見いだす力や主体的に問題解決しようとする態度を育成することがねらいである。

(ア) 1個の乾電池と1個の豆電球などを導線でつないだときの，つなぎ方と豆電球などの様子に着目して，それらを比較しながら，豆電球などが動作するつなぎ方と動作しないつなぎ方を調べる。これらの活動を通して，電気の回路についての問題を見いだし，表現するとともに，回路ができると電気が通り，豆電球などが動作することを捉えるようにする。また，導線を乾電池の二つの極以外につないだり，導線と乾電池がつながっていなかったり，回路の一部が切れていたりすると豆電球などは動作しないことも捉えるようにする。

(イ) 回路の一部に，身の回りにあるいろいろな物を入れたときの豆電球などの様子に着目して，それらを比較しながら，電気を通す物や通さない物を調べる。これらの活動を通して，電気の回路についての問題を見いだし，表現するとともに，物には電気を通す物と通さない物があることを捉えるようにする。

ここで扱う対象としては，児童の身の回りにある物で，鉄やアルミニウム，ガラス，木などが考えられる。

ここでの指導に当たっては，電気を通す物と通さない物を調べる際に，実験の結果を表などに分類，整理するなど，電気の回路について考えたり，説明したりする活動の充実を図るようにする。実験の結果を基に考察する場面では，豆電球などが動作したり，動作しなかったりする現象を「回路」という言葉を使用して考察し，適切に説明できるようにすることが考えられる。

なお，豆電球などを使わないで，乾電池の二つの極を直接導線でつなぐことのないようにするなど，安全に配慮するように指導する。

(内容の取扱い)

> (1) 内容の「A物質・エネルギー」の指導に当たっては，3種類以上のものづくりを行うものとする。

風やゴムの力の働きを活用したものづくりとしては，風やゴムの力を動力に変換するという観点から，例えば，物を動かすことを目的とした，風やゴムの力で動く自動車や風車などが考えられる。

光の性質を活用したものづくりとしては，日光により物の明るさや暖かさが変わるという観点から，例えば，平面鏡を使って物を明るくしたり暖かくしたりすることを目的とした装置などが考えられる。

音の性質を活用したものづくりとしては，音は，様々な物が震えることで伝わ

るという観点から，例えば，離れた場所や同時に複数の場所に音声を伝えることを目的とした糸電話などが考えられる。

　磁石の性質を活用したものづくりとしては，磁石の異極は引き合い，同極は退け合うという観点から，例えば，極の働きや性質を使って物を動かすことを目的とした自動車や船などが考えられる。

　乾電池や豆電球などを使った，電気の性質を活用したものづくりとしては，回路ができると電気が通るという観点から，例えば，回路につないだ豆電球などを動作させたり止めたりすることを目的としたスイッチ，電気を通す物であるかどうかを調べることを目的としたテスターなどが考えられる。

B　生命・地球

(1) 身の回りの生物

> 　身の回りの生物について，探したり育てたりする中で，それらの様子や周辺の環境，成長の過程や体のつくりに着目して，それらを比較しながら調べる活動を通して，次の事項を身に付けることができるよう指導する。
> 　ア　次のことを理解するとともに，観察，実験などに関する技能を身に付けること。
> 　　(ｱ)　生物は，色，形，大きさなど，姿に違いがあること。また，周辺の環境と関わって生きていること。
> 　　(ｲ)　昆虫の育ち方には一定の順序があること。また，成虫の体は頭，胸及び腹からできていること。
> 　　(ｳ)　植物の育ち方には一定の順序があること。また，その体は根，茎及び葉からできていること。
> 　イ　身の回りの生物の様子について追究する中で，差異点や共通点を基に，身の回りの生物と環境との関わり，昆虫や植物の成長のきまりや体のつくりについての問題を見いだし，表現すること。

（内容の取扱い）

> 　(3)　内容の「B生命・地球」の(1)については，次のとおり取り扱うものとする。
> 　　ア　アの(ｲ)及び(ｳ)については，飼育，栽培を通して行うこと。

> イ アの(ウ)の「植物の育ち方」については，夏生一年生の双子葉植物を扱うこと。

　本内容は，生活科「(7) 動植物の飼育・栽培」の学習を踏まえて，「生命」についての基本的な概念等を柱とした内容のうちの「生物の構造と機能」，「生命の連続性」，「生物と環境の関わり」に関わるものであり，第4学年「B (1) 人の体のつくりと運動」，「B (2) 季節と生物」，第6学年「B (2) 植物の養分と水の通り道」，中学校第2分野「(1) いろいろな生物とその共通点」の学習につながるものである。

　ここでは，児童が，身の回りの生物について，探したり育てたりする中で，これらの様子や周辺の環境，成長の過程や体のつくりに着目して，それらを比較しながら，生物と環境との関わり，昆虫や植物の成長のきまりや体のつくりを調べる活動を通して，それらについての理解を図り，観察，実験などに関する技能を身に付けるとともに，主に差異点や共通点を基に，問題を見いだす力や生物を愛護する態度，主体的に問題解決しようとする態度を育成することがねらいである。

(ア) 児童の身の回りに見られる様々な生物の色，形，大きさなどに着目して，それらを比較しながら，身の回りの生物の特徴を調べる。これらの活動を通して，差異点や共通点を基に，生物の姿についての問題を見いだし，表現するとともに，生物にはそれぞれに固有の形態があることを捉えるようにする。例えば，植物については，タンポポやチューリップなどの様々な種類の植物を観察し，着目した点に即して比較する。また，動物についても，アリやカエルなどの様々な種類の動物を観察し，同様に比較する。その際，児童が身の回りの様々な種類の植物や動物を見たり触れたりにおいを感じたりするなど直接観察することを通して，諸感覚で確認できる特徴を見いだし，捉えるようにする。

　また，多様な環境の下で生きている様々な生物について，生物が生息している場所に着目して，それらを比較しながら，生物が生息している様子を調べる。これらの活動を通して，生物と環境との関わりについて，問題を見いだし，表現するとともに，生物が周辺の環境と関わって生きていることを捉えるようにする。例えば，植物に集まる昆虫や植物に生息する昆虫の様子を観察し，昆虫には植物の花の蜜を吸ったり葉を食べたりして生活しているものがいることや，植物をすみかにしているものがいること，また，石のかげなどで生活しているものがいることに気付くようにすることが考えられる。

(イ) 昆虫の成長の過程に着目して，複数の種類の昆虫の成長の過程を比較しな

がら，成長による体の変化を調べる。これらの活動を通して，差異点や共通点を基に，昆虫の成長についての問題を見いだし，表現するとともに，昆虫の育ち方には，「卵→幼虫→蛹→成虫」というような一定の順序があることを捉えるようにする。その際，幼虫の時期には食べ物を食べ，脱皮をして体が大きくなることや，蛹の時期には食べ物を食べないことを捉えるようにする。昆虫の育ち方については，「卵→幼虫→蛹→成虫」や「卵→幼虫→成虫」などの変態の仕方の違う昆虫を用意し，それらを比較することによって，その過程が異なるものがあることにも触れるようにする。

　また，昆虫の体のつくりに着目して，複数の種類の昆虫の体のつくりを比較しながら調べる。これらの活動を通して，差異点や共通点を基に，昆虫の体のつくりについての問題を見いだし，表現するとともに，昆虫の成虫の体は頭，胸，腹の三つの部分からできていること，頭には目や触角，口があること，胸には３対６本のあしがあり，はねのついているものがあること，腹はいくつかの節からできていることなどの体のつくりの特徴を捉えるようにする。

(ｳ)　植物の成長の過程に着目して，複数の種類の植物の成長の過程を比較しながら，成長による体の変化を調べる。これらの活動を通して，差異点や共通点を基に，植物の育ち方についての問題を見いだし，表現するとともに，植物の育ち方には，種子から発芽し子葉が出て，葉がしげり，花が咲き，果実がなって種子ができた後に個体は枯死するという，一定の順序があることを捉えるようにする。

　また，植物の体のつくりに着目して，複数の種類の植物の体のつくりを比較しながら調べる。これらの活動を通して，差異点や共通点を基に，植物の体のつくりについての問題を見いだし，表現するとともに，植物の体は根，茎及び葉からできていて，根は地中にあること，茎は葉や花をつけることなどの体のつくりの特徴を捉えるようにする。

ここで扱う対象としては，(ｱ)については，学校で栽培している植物に加え，校庭などの身近な場所に生育する野草として，例えばキク科などの植物が考えられる。また，環境との関わりについては，昆虫との関わりがよく分かるような植物として，例えば，アブラナ科，ミカン科などの植物が考えられる。環境との関わりがよく分かるような動物としては，例えば，身近な昆虫やダンゴムシなどの節足動物が考えられる。(ｲ)については，飼育が簡単で，身近に見られる昆虫を扱うようにする。(ｳ)については，栽培が簡単で，身近に見られるもので，夏生一年生の双子葉植物を扱うようにする。

ここでの指導に当たっては，生活科の学習との関連を考慮しながら，理科の学

習の基盤となる自然体験活動の充実を図り，児童の野外での発見や気付きを大切にする。また，観察の際は，直接観察することに加え，細かい部分を拡大するなどして，生物の特徴を図や絵で記録するなど，身の回りの生物について考えたり，説明したりする活動の充実を図るようにする。その際，例えば，虫眼鏡や携帯型の顕微鏡などの器具の使用が考えられる。(ア)については，例えば，校庭などの身近な場所で，花の色や葉の形，大きさなどに着目して観察を行い，比較しながら特徴を見いだしていくようにする。その際，観察の後に振り返りを行ったり，着目した点に即して，仲間分けなどの活動を取り入れたりするなど，児童の生物への興味・関心が高まるよう工夫するようにする。(イ)，(ウ)については，昆虫の卵や幼虫を探し，それらを飼育し観察したり，植物を栽培し観察したりする活動を継続して行い，昆虫や植物の育ち方についての理解の充実を図るとともに，昆虫が食べ物を食べて成長していく様子や，植物が発芽し成長し花が咲き，果実がなって種子ができて枯れていく様子などから，生物を愛護しようとする態度を養うようにする。さらに，昆虫の体のつくりを調べる際には，頭，胸，腹の三つの部分から体ができていて，胸には3対6本のあしがあるものを「昆虫」という名称を使用して考察し，適切に説明できるようにすることが考えられる。

なお，野外での学習に際しては，毒をもつ生物に注意するとともに事故に遭わないようにするなど，安全に配慮するように指導する。さらに，自然環境の中で，生物の採取は必要最小限にとどめるなど，生態系の維持に配慮するようにし，環境保全の態度を育てるようにする。

(2) 太陽と地面の様子

> 太陽と地面の様子との関係について，日なたと日陰の様子に着目して，それらを比較しながら調べる活動を通して，次の事項を身に付けることができるよう指導する。
> ア 次のことを理解するとともに，観察，実験などに関する技能を身に付けること。
> (ア) 日陰は太陽の光を遮るとでき，日陰の位置は太陽の位置の変化によって変わること。
> (イ) 地面は太陽によって暖められ，日なたと日陰では地面の暖かさや湿り気に違いがあること。
> イ 日なたと日陰の様子について追究する中で，差異点や共通点を基に，太陽と地面の様子との関係についての問題を見いだし，表現すること。

（内容の取扱い）

> (4) 内容の「B生命・地球」の(2)のアの(ｱ)の「太陽の位置の変化」については，東から南，西へと変化することを取り扱うものとする。
> また，太陽の位置を調べるときの方位は東，西，南，北を扱うものとする。

　本内容は，「地球」についての基本的な概念等を柱とした内容のうちの「地球の大気と水の循環」，「地球と天体の運動」に関わるものであり，第4学年「B(4)天気の様子」，「B(5)月と星」の学習につながるものである。
　ここでは，児童が，日なたと日陰の様子に着目して，それらを比較しながら，太陽の位置と地面の様子を調べる活動を通して，それらについての理解を図り，観察，実験などに関する技能を身に付けるとともに，主に差異点や共通点を基に，問題を見いだす力や主体的に問題解決しようとする態度を育成することがねらいである。

(ｱ) 建物によってできる日陰や，物によってできる影の位置に着目して，継続的に観察し，それらを比較しながら，時間ごとの，太陽と日陰や影の位置を調べる。これらの活動を通して，差異点や共通点を基に，太陽と日陰や影の位置の変化についての問題を見いだし，表現するとともに，太陽が影の反対側にあることを基に，日陰は太陽の光を遮るとできることや日陰の位置は太陽の位置の変化によって変わることを捉えるようにする。その際，太陽の位置については，影をつくっている物を目印にして継続的に調べ，日陰の位置や地面にできる影の位置の変化と太陽の位置の変化との関係を捉えるようにする。このとき，太陽の位置を午前から午後にわたって数回調べ，太陽の位置が東の方から南の空を通って西の方に変化することを捉えるようにする。

(ｲ) 太陽の光が当たっている地面と当たっていない地面の暖かさや湿り気に着目して，それらを比較しながら，地面の様子を調べる。これらの活動を通して，差異点や共通点を基に，太陽と地面の様子との関係についての問題を見いだし，表現するとともに，地面は太陽によって暖められ，日なたと日陰では地面の暖かさや湿り気に違いがあることを捉えるようにする。その際，太陽の光がよく当たる場所で，朝と昼の地面の温度を測って比較し，太陽の光が地面を暖めていることを捉えるようにする。

　ここでの指導に当たっては，日陰の位置の変化や日なたと日陰の地面の様子を資料や映像で調べるだけでなく，太陽の位置を方位で記録したり，固定した物の影の位置を，時間をおいて地面に描いたりする活動を通して，日陰の位置の変化

と太陽の位置の変化との関係を捉えるようにする。また，太陽や影の位置の変化を調べる活動では，方位磁針を用いて方位を調べ，東，西，南，北で空間を捉えるようにする。なお，児童が太陽の位置の変化を調べる際には，地球から見た太陽の位置の変化を扱うものとする。一方，日なたと日陰の地面の暖かさの違いを調べる活動については，手や足で地面に触れるなど体感を通して感じ取るようにするとともに，放射温度計などを用いて地面の温度を測定し，数値化して比較できるようにする。

日常生活や他教科等との関連として，方位については，日常生活や社会科との関連を図り，日常生活において使えるようにする。

なお，太陽の観察においては，JIS規格の遮光板を必ず用い，安全に配慮するように指導する。

第2節　第4学年の目標及び内容

1　第4学年の目標

> (1)　物質・エネルギー
> ①　空気，水及び金属の性質，電流の働きについての理解を図り，観察，実験などに関する基本的な技能を身に付けるようにする。
> ②　空気，水及び金属の性質，電流の働きについて追究する中で，主に既習の内容や生活経験を基に，根拠のある予想や仮説を発想する力を養う。
> ③　空気，水及び金属の性質，電流の働きについて追究する中で，主体的に問題解決しようとする態度を養う。
>
> (2)　生命・地球
> ①　人の体のつくりと運動，動物の活動や植物の成長と環境との関わり，雨水の行方と地面の様子，気象現象，月や星についての理解を図り，観察，実験などに関する基本的な技能を身に付けるようにする。
> ②　人の体のつくりと運動，動物の活動や植物の成長と環境との関わり，雨水の行方と地面の様子，気象現象，月や星について追究する中で，主に既習の内容や生活経験を基に，根拠のある予想や仮説を発想する力を養う。
> ③　人の体のつくりと運動，動物の活動や植物の成長と環境との関わり，雨水の行方と地面の様子，気象現象，月や星について追究する中で，生物を愛護する態度や主体的に問題解決しようとする態度を養う。

　第4学年の目標は，自然の事物・現象について，理科の見方・考え方を働かせ，問題を追究する活動を通して，空気，水及び金属の性質，電流の働き，人の体のつくりと運動，動物の活動や植物の成長と環境との関わり，雨水の行方と地面の様子，気象現象，月や星についての理解を図り，観察，実験などに関する基本的な技能を身に付けるようにするとともに，問題解決の力や生物を愛護する態度，主体的に問題解決しようとする態度を養うことである。

　特に，本学年では，学習の過程において，自然の事物・現象から見いだした問題について，既習の内容や生活経験を基に，根拠のある予想や仮説を発想すると

いった問題解決の力を育成することに重点が置かれている。

(1) 「A物質・エネルギー」に関わる目標

　本区分では，空気，水及び金属の性質，電流の働きについての理解を図り，観察，実験などに関する基本的な技能を身に付けるようにするとともに，主に既習の内容や生活経験を基に，根拠のある予想や仮説を発想するといった問題解決の力や主体的に問題解決しようとする態度を養うことが目標である。

　ここでは，「粒子」についての基本的な概念等を柱とした内容として，「A(1)空気と水の性質」及び「A(2)金属，水，空気と温度」を設定する。「A(1)空気と水の性質」については，閉じ込めた空気や水を圧し縮めたときの体積や圧し返す力の変化に着目して，それらと圧す力とを関係付けて調べ，空気と水の性質を捉えるようにする。「A(2)金属，水，空気と温度」については，体積や状態の変化，熱の伝わり方に着目して，それらと温度の変化とを関係付けて調べ，金属，水及び空気の性質を捉えるようにする。

　また，「エネルギー」についての基本的な概念等を柱とした内容として，「A(3)電流の働き」を設定する。「A(3)電流の働き」については，電流の大きさや向きと乾電池につないだ物の様子に着目して，それらを関係付けて調べ，電流の働きを捉えるようにする。

(2) 「B生命・地球」に関わる目標

　本区分では，人の体のつくりと運動，動物の活動や植物の成長と環境との関わり，雨水の行方と地面の様子，気象現象，月や星についての理解を図り，観察，実験などに関する基本的な技能を身に付けるようにするとともに，主に既習の内容や生活経験を基に，根拠のある予想や仮説を発想するといった問題解決の力や生物を愛護する態度，主体的に問題解決しようとする態度を養うことが目標である。

　ここでは，「生命」についての基本的な概念等を柱とした内容として，「B(1)人の体のつくりと運動」，「B(2)季節と生物」を設定する。「B(1)人の体のつくりと運動」については，骨や筋肉のつくりと働きに着目して，それらを関係付けて調べ，人や他の動物の体のつくりと運動との関わりを捉えるようにする。「B(2)季節と生物」については，身近な動物や植物を探したり育てたりする中で，動物の活動や植物の成長と季節の変化に着目して，それらを関係付けて調べ，身近な動物の活動や植物の成長と環境との関わりを捉えるようにする。

　また，「地球」についての基本的な概念等を柱とした内容として，「B(3)雨水の行方と地面の様子」，「B(4)天気の様子」，「B(5)月と星」を設定する。「B

(3)雨水の行方と地面の様子」については,雨水の流れ方やしみ込み方に着目して,それらと地面の傾きや土の粒の大きさとを関係付けて調べ,雨水の行方と地面の様子を捉えるようにする。「B (4) 天気の様子」については,気温や水の行方に着目して,それらと天気の様子や水の状態変化とを関係付けて調べ,天気や自然界の水の様子を捉えるようにする。「B (5) 月と星」については,月や星の位置の変化や時間の経過に着目して,それらを関係付けて調べ,月や星の特徴を捉えるようにする。

2 第4学年の内容

A 物質・エネルギー

(1) 空気と水の性質

> 空気と水の性質について,体積や圧し返す力の変化に着目して,それらと圧す力とを関係付けて調べる活動を通して,次の事項を身に付けることができるよう指導する。
> ア 次のことを理解するとともに,観察,実験などに関する技能を身に付けること。
> (ア) 閉じ込めた空気を圧すと,体積は小さくなるが,圧し返す力は大きくなること。
> (イ) 閉じ込めた空気は圧し縮められるが,水は圧し縮められないこと。
> イ 空気と水の性質について追究する中で,既習の内容や生活経験を基に,空気と水の体積や圧し返す力の変化と圧す力との関係について,根拠のある予想や仮説を発想し,表現すること。

本内容は,「粒子」についての基本的な概念等を柱とした内容のうちの「粒子の存在」に関わるものであり,第6学年「A (1) 燃焼の仕組み」の学習につながるものである。

ここでは,児童が,体積や圧し返す力の変化に着目して,それらと圧す力とを関係付けて,空気と水の性質を調べる活動を通して,それらについての理解を図り,観察,実験などに関する技能を身に付けるとともに,主に既習の内容や生活経験を基に,根拠のある予想や仮説を発想する力や主体的に問題解決しようとする態度を育成することがねらいである。

(ｱ) 閉じ込めた空気を圧し縮めたときの体積や圧し返す力に着目して，それらと圧す力とを関係付けて，容器に閉じ込めた空気を圧し縮めたときの体積や圧し返す力の変化を調べる。これらの活動を通して，空気の性質について，既習の内容や生活経験を基に，根拠のある予想や仮説を発想し，表現するとともに，閉じ込めた空気を圧すと，体積は小さくなるが，圧し返す力は大きくなることを捉えるようにする。

(ｲ) 閉じ込めた空気や水に力を加えたときの体積や圧し返す力の変化に着目して，空気と水の場合を比較しながら調べる。これらの活動を通して，水の性質について，既習の内容や生活経験を基に，根拠のある予想や仮説を発想し，表現するとともに，閉じ込めた空気は圧し縮められるが，水は圧しても体積は変わらないことから，水は圧し縮められないことを捉えるようにする。

ここで扱う対象としては，閉じ込めた空気と水を使用する。その際，空気を閉じ込めても圧し縮めることが容易にできる物や，体積の変化を容易に捉えることができる物を使用することが考えられる。

ここでの指導に当たっては，空気と水の性質の違いを，力を加えたときの手ごたえなどの体感を基にしながら調べるようにする。また，空気や水の存在や力を加える前後の空気や水の体積変化を図や絵を用いて表現するなど，空気や水の性質について考えたり，説明したりする活動の充実を図るようにする。さらに，空気と水の性質を踏まえ，それらを利用したおもちゃや道具などの仕組みについて，学んだことを適用し，表現することが考えられる。

日常生活との関連として，ボールやタイヤなど，空気の性質を利用した物があることを取り上げることが考えられる。

なお，容器に閉じ込めた空気や水を圧し縮めようとする際には，容器が破損したり，容器の一部が飛び出したりして，容器などの一部が顔や体などに当たったりしないようにするなど，安全に配慮するように指導する。

(2) 金属，水，空気と温度

> 金属，水及び空気の性質について，体積や状態の変化，熱の伝わり方に着目して，それらと温度の変化とを関係付けて調べる活動を通して，次の事項を身に付けることができるよう指導する。
> ア　次のことを理解するとともに，観察，実験などに関する技能を身に付けること。
> 　(ｱ) 金属，水及び空気は，温めたり冷やしたりすると，それらの体積

が変わるが，その程度には違いがあること。
　(イ) 金属は熱せられた部分から順に温まるが，水や空気は熱せられた部分が移動して全体が温まること。
　(ウ) 水は，温度によって水蒸気や氷に変わること。また，水が氷になると体積が増えること。
イ　金属，水及び空気の性質について追究する中で，既習の内容や生活経験を基に，金属，水及び空気の温度を変化させたときの体積や状態の変化，熱の伝わり方について，根拠のある予想や仮説を発想し，表現すること。

　本内容は，「粒子」についての基本的な概念等を柱とした内容のうちの「粒子のもつエネルギー」に関わるものであり，中学校第１分野「(2)ア(ウ)状態変化」の学習につながるものである。
　ここでは，児童が，体積や状態の変化，熱の伝わり方に着目して，それらと温度の変化とを関係付けて，金属，水及び空気の性質を調べる活動を通して，それらについての理解を図り，観察，実験などに関する技能を身に付けるとともに，主に既習の内容や生活経験を基に，根拠のある予想や仮説を発想する力や主体的に問題解決しようとする態度を育成することがねらいである。

(ア) 金属，水及び空気を温めたり，冷やしたりしたときの体積の変化に着目して，それらと温度の変化とを関係付けて，金属，水及び空気の温度変化に伴う体積の変化を調べる。これらの活動を通して，金属，水及び空気の性質について，既習の内容や生活経験を基に，根拠のある予想や仮説を発想し，表現するとともに，金属，水及び空気は，温めたり冷やしたりすると，それらの体積は変わるが，その程度には違いがあること，これらの中では空気の温度による体積の変化が最も大きいことを捉えるようにする。

(イ) 金属，水及び空気を熱したときの熱の伝わり方に着目して，それらと温度の変化とを関係付けて，金属，水及び空気の温まり方を調べる。これらの活動を通して，金属，水及び空気の性質について，既習の内容や生活経験を基に，根拠のある予想や仮説を発想し，表現するとともに，金属は熱せられた部分から順に温まっていくこと，水や空気は熱を加えられた部分が上方に移動して全体が温まっていくことを捉えるようにする。また，物によってその温まり方には違いがあることを捉えるようにする。

(ウ) 水の状態に着目して，温度の変化と関係付けて，水の状態の変化を調べる。これらの活動を通して，温度を変化させたときの水の体積や状態の変化について，既習の内容や生活経験を基に，根拠のある予想や仮説を発想し，

表現するとともに，水は，温度によって水蒸気や氷に変わることを捉えるようにする。また，水が氷になると体積が増えることを捉えるようにする。水を熱していき，100℃近くになると沸騰した水の中から盛んに泡が出てくるが，この泡を水の中から出てきた空気であると考えている児童がいる。この泡を集めて冷やすと水になることから，この泡は空気ではなく水が変化したものであることに気付くようにする。水が凍って氷になることを捉える際には，寒剤を使って水の温度を0℃以下に下げて調べることが考えられる。これらのことから，水は温度によって液体，気体，又は固体に状態が変化するということを捉えるようにする。

ここでの指導に当たっては，水の温度の変化を捉える際に，実験の結果をグラフで表現し読み取ったり，状態が変化すると体積も変化することを図や絵を用いて表現したりするなど，金属，水及び空気の性質について考えたり，説明したりする活動の充実を図るようにする。さらに，水は100℃より低い温度でも蒸発していることを捉えるようにするために，第4学年「B(4)天気の様子」における自然界での水の状態変化の学習との関連を図るようにする。

日常生活との関連として，鉄道のレールの継ぎ目，道路橋の伸縮装置，冷暖房時の空気循環の効果などを取り上げることが考えられる。

なお，火を使用して実験したり，熱した湯の様子を観察したりする際に火傷などの危険を伴うので，保護眼鏡を着用することや使用前に器具の点検を行うこと，加熱器具などの適切な操作を確認することなど，安全に配慮するように指導する。

(3) 電流の働き

> 電流の働きについて，電流の大きさや向きと乾電池につないだ物の様子に着目して，それらを関係付けて調べる活動を通して，次の事項を身に付けることができるよう指導する。
> ア　次のことを理解するとともに，観察，実験などに関する技能を身に付けること。
> 　(ｱ)　乾電池の数やつなぎ方を変えると，電流の大きさや向きが変わり，豆電球の明るさやモーターの回り方が変わること。
> イ　電流の働きについて追究する中で，既習の内容や生活経験を基に，電流の大きさや向きと乾電池につないだ物の様子との関係について，根拠のある予想や仮説を発想し，表現すること。

(内容の取扱い)

> (1) 内容の「A物質・エネルギー」の(3)のアの(ｲ)については，直列つなぎと並列つなぎを扱うものとする。

　本内容は，第3学年「A (5) 電気の通り道」の学習を踏まえて，「エネルギー」についての基本的な概念等を柱とした内容のうちの「エネルギーの変換と保存」に関わるものであり，第5学年「A (3) 電流がつくる磁力」の学習につながるものである。

　ここでは，児童が，電流の大きさや向き，乾電池につないだ物の様子に着目して，それらを関係付けて，電流の働きを調べる活動を通して，それらについての理解を図り，観察，実験などに関する技能を身に付けるとともに，主に既習の内容や生活経験を基に，根拠のある予想や仮説を発想する力や主体的に問題解決しようとする態度を育成することがねらいである。

(ｲ) 乾電池の数を1個から2個に増やしたり，つなぎ方を変えたりしたときの豆電球やモーターの動作の様子に着目して，これらの変化と電流の大きさや向きとを関係付けて電流の働きを調べる。これらの活動を通して，電流の大きさや向きと乾電池につないだ物の様子との関係について，既習の内容や生活経験を基に，根拠のある予想や仮説を発想し，表現するとともに，乾電池の数やつなぎ方を変えると，電流の大きさや向きが変わり，豆電球の明るさやモーターの回り方が変わることを捉えるようにする。その際，例えば，簡易検流計などを用いて，これらの現象と電流の大きさや向きとを関係付けて調べるようにする。

　ここで扱う対象としては，乾電池につなぐ物として豆電球，モーターの他に，発光ダイオードなどが考えられる。

　ここでの指導に当たっては，電流の大きさや向きと乾電池につないだ物の様子について考えたことを，図を用いて表現したり，「電流」，「直列つなぎ」，「並列つなぎ」という言葉を使用して説明したりするなど，電流の働きについて考えたり，説明したりする活動の充実を図るようにする。また，発光ダイオードが電流の向きによって点灯したり，点灯しなかったりすることを扱うことが考えられる。さらに，実験の結果を整理する際に，乾電池，豆電球，モーター，スイッチについて，電気用図記号（回路図記号）を扱うことが考えられる。

　なお，乾電池をつなぐ際には，一つの回路で違う種類の電池が混在しないよう，安全に配慮するように指導する。

(内容の取扱い)

> (2) 内容の「A物質・エネルギー」の指導に当たっては，2種類以上のものづくりを行うものとする。

　空気や水の性質を活用したものづくりとしては，空気は圧し縮められるが，水は圧し縮められないという観点から，例えば，物を遠くへ飛ばすことを目的とした空気でっぽうや水を離れた場所へ飛ばすことを目的とした水でっぽうなどが考えられる。

　物の温まり方を活用したものづくりとしては，水や空気は熱せられた部分が上に移動するという観点から，例えば，物を上空に持ち上げることを目的としたソーラーバルーンや，体積変化という観点から，温度の計測を目的とした温度計が考えられる。

　電流の働きを活用したものづくりとしては，乾電池の数やつなぎ方を変えると電流の大きさや向きが変わり，モーターの回り方が変わるという観点から，例えば，物の動きを制御することを目的とした，乾電池などを用いた自動車や回転ブランコ，クレーンなどが考えられる。

B 生命・地球

(1) 人の体のつくりと運動

> 　人や他の動物について，骨や筋肉のつくりと働きに着目して，それらを関係付けて調べる活動を通して，次の事項を身に付けることができるよう指導する。
> ア　次のことを理解するとともに，観察，実験などに関する技能を身に付けること。
> 　(ｱ) 人の体には骨と筋肉があること。
> 　(ｲ) 人が体を動かすことができるのは，骨，筋肉の働きによること。
> イ　人や他の動物について追究する中で，既習の内容や生活経験を基に，人や他の動物の骨や筋肉のつくりと働きについて，根拠のある予想や仮説を発想し，表現すること。

（内容の取扱い）

> (3) 内容の「B生命・地球」の(1)のアの(イ)については，関節の働きを扱うものとする。

　本内容は，第3学年「B(1)身の回りの生物」の学習を踏まえて，「生命」についての基本的な概念等を柱とした内容のうちの「生物の構造と機能」に関わるものであり，第6学年「B(1)人の体のつくりと働き」，中学校第2分野「(3)ア(ウ)動物の体のつくりと働き」の学習につながるものである。

　ここでは，児童が，骨や筋肉のつくりと働きに着目して，それらを関係付けて，人や他の動物の体のつくりと運動との関わりを調べる活動を通して，それらについての理解を図り，観察，実験などに関する技能を身に付けるとともに，主に既習の内容や生活経験を基に，根拠のある予想や仮説を発想する力や生命を尊重する態度，主体的に問題解決しようとする態度を育成することがねらいである。

(ア) 人や他の動物の運動器官に着目して，骨と筋肉とを関係付けて，自分の体に直接触れることを手掛かりとして，骨の位置や筋肉の存在を調べる。これらの活動を通して，骨や筋肉のつくりについて，既習の内容や生活経験を基に，根拠のある予想や仮説を発想し，表現するとともに，体を支えたり体を動かしたりするときに使われる骨と筋肉があることを捉えるようにする。その際，硬い部分としての骨と柔らかい部分としての筋肉があることを捉えるようにする。

(イ) 人や他の動物の骨や筋肉のつくりと働きに着目して，それらを関係付けて，自分の体を動かしたり他の動物が運動しているところを観察したりして，体の動きと骨や筋肉との関係を調べる。これらの活動を通して，骨や筋肉の働きについて，既習の内容や生活経験を基に，根拠のある予想や仮説を発想し，表現するとともに，人や他の動物が体を動かすことができるのは，骨と筋肉の働きによることを捉えるようにする。また，体の各部には，手や足のように曲がるところと曲がらないところがあり，曲がるところを関節ということを捉えるようにする。

　ここで扱う対象としては，骨や筋肉の存在を調べる際には，自分の体を中心に扱うようにし，他の動物としては，骨や筋肉の働きが調べられる身近で安全な哺乳類，例えば，学校飼育動物の観察などが考えられる。

　ここでの指導に当たっては，人の体の骨や筋肉の働きについて，体のつくりについて予想したことを，絵を用いて表現したり，体の各部にある曲がるところを

「関節」という名称を使用して説明したりするなど,人や他の動物の骨や筋肉のつくりと働きについて考えたり,説明したりする活動の充実を図るようにする。また,資料を使って調べるだけではなく,実際に腕で物を持ち上げたり,他の動物の体のつくりや体の動き,運動を観察したりすることが考えられる。実際に触れながら比較したり,映像や模型などを活用したりしながら,人の体のつくりと運動との関わりについて捉えるようにする。他の動物の骨と筋肉の存在や運動について調べる際には,動物園などの施設の活用が考えられる。

(2) 季節と生物

> 身近な動物や植物について,探したり育てたりする中で,動物の活動や植物の成長と季節の変化に着目して,それらを関係付けて調べる活動を通して,次の事項を身に付けることができるよう指導する。
> ア 次のことを理解するとともに,観察,実験などに関する技能を身に付けること。
> (ｱ) 動物の活動は,暖かい季節,寒い季節などによって違いがあること。
> (ｲ) 植物の成長は,暖かい季節,寒い季節などによって違いがあること。
> イ 身近な動物や植物について追究する中で,既習の内容や生活経験を基に,季節ごとの動物の活動や植物の成長の変化について,根拠のある予想や仮説を発想し,表現すること。

(内容の取扱い)

> (4) 内容の「B生命・地球」の(2)については,1年を通じて動物の活動や植物の成長をそれぞれ2種類以上観察するものとする。

本内容は,第3学年「B(1)身の回りの生物」の学習を踏まえて,「生命」についての基本的な概念等を柱とした内容のうちの「生命の連続性」,「生物と環境の関わり」に関わるものであり,第5学年「B(1)植物の発芽,成長,結実」,「B(2)動物の誕生」,第6学年「B(3)生物と環境」の学習につながるものである。

ここでは,児童が,動物を探したり植物を育てたりしながら,動物の活動や植物の成長の様子と季節の変化に着目して,それらを関係付けて,身近な動物の活

動や植物の成長と環境との関わりを調べることを通して，それらについての理解を図り，観察，実験などに関する技能を身に付けるとともに，主に既習の内容や生活経験を基に，根拠のある予想や仮説を発想する力や生物を愛護する態度，主体的に問題解決しようとする態度を育成することがねらいである。

(ア) 季節ごとの身近な動物の活動の様子と季節の変化に着目して，それらを関係付けて調べる。これらの活動を通して，季節による動物の活動の変化について，既習の内容や生活経験を基に，根拠のある予想や仮説を発想し，表現するとともに，動物の活動は，暖かい季節，寒い季節などによって違いがあることを捉えるようにする。活動の様子として，身近に見られる動物は，暖かい季節には出現する数も多く活発に活動するが，寒い季節には活動が鈍くなったり，卵で越冬したりするなど，それぞれに適した姿で越冬状態となるものが多いこと，また，魚類や両生類は季節による水温の変化によって活動の様子などに違いがあること，さらに，鳥類は季節によって見られる種類や産卵，巣立ちなどに違いがあることなどを観察することが考えられる。

(イ) 季節ごとの身近な植物の成長の様子と季節の変化に着目して，それらを関係付けて調べる。これらの活動を通して，季節による植物の成長の変化について，既習の内容や生活経験を基に，根拠のある予想や仮説を発想し，表現するとともに，植物の成長は，暖かい季節，寒い季節などによって違いがあることを捉えるようにする。その際，植物を育てたり，身近な植物を一年を通して定期的に観察したりする活動を通して，身近な植物は，暖かくなる夏までは体全体の成長が顕著に見られ，寒くなり始めると体全体の成長はほとんど見られないが結実するなど，季節によって成長の仕方に違いがあることや，冬になると種子をつくって枯れたり形態を変えて越冬したりすることなどを捉えるようにする。

ここで扱う対象としては，(ア)については身近で危険のない動物，(イ)については身近で，季節による成長の変化が明確な植物とし，それぞれ2種類以上観察するようにする。また，地域性を生かし，地域の特徴的な動植物を取り上げることを通して，身近な自然に愛着をもつようにすることが考えられる。

ここでの指導に当たっては，植物の成長について，同地点で同一の対象を定期的に観察するようにする。また，観察したことを図や表，グラフなどを用いて整理し，比較するなど，動物の活動や植物の成長について考えたり，説明したりする活動の充実を図るようにする。さらに，観察の時期については，「暖かい季節」，「寒い季節」として，それぞれ夏，冬を想定しているが，春や秋を含めることが考えられる。

なお，野外での学習に際しては，毒をもつ生物に注意するとともに事故に遭わ

ないようにするなど，安全に配慮するように指導する。

(3) 雨水の行方と地面の様子

> 雨水の行方と地面の様子について，流れ方やしみ込み方に着目して，それらと地面の傾きや土の粒の大きさとを関係付けて調べる活動を通して，次の事項を身に付けることができるよう指導する。
> ア　次のことを理解するとともに，観察，実験などに関する技能を身に付けること。
> 　(ｱ)　水は，高い場所から低い場所へと流れて集まること。
> 　(ｲ)　水のしみ込み方は，土の粒の大きさによって違いがあること。
> イ　雨水の行方と地面の様子について追究する中で，既習の内容や生活経験を基に，雨水の流れ方やしみ込み方と地面の傾きや土の粒の大きさとの関係について，根拠のある予想や仮説を発想し，表現すること。

　本内容は，「地球」についての基本的な概念等を柱とした内容のうちの「地球の内部と地表面の変動」，「地球の大気と水の循環」に関わるものであり，第5学年「B(3)流れる水の働きと土地の変化」，第6学年「B(4)土地のつくりと変化」の学習につながるものである。

　ここでは，児童が，水の流れ方やしみ込み方に着目して，それらと地面の傾きや土の粒の大きさとを関係付けて，雨水の行方と地面の様子を調べる活動を通して，それらについての理解を図り，観察，実験などに関する技能を身に付けるとともに，主に既習の内容や生活経験を基に，根拠のある予想や仮説を発想する力や主体的に問題解決しようとする態度を育成することがねらいである。

(ｱ)　雨水が地面を流れていく様子から，雨水の流れ方に着目して，雨水の流れる方向と地面の傾きとを関係付けて，降った雨の流れの行方を調べる。これらの活動を通して，雨水の流れ方について，既習の内容や生活経験を基に，根拠のある予想や仮説を発想し，表現するとともに，水は高い場所から低い場所へと流れて集まることを捉えるようにする。その際，地面にできた雨水の流れの方向を観察するとともに，普段の生活ではあまり意識することのなかった地面の傾きの違いについて，雨水の流れる方向と地面の傾きとの関係を捉えるようにする。

(ｲ)　雨があがった後の校庭や教材園などの地面の様子から，水のしみ込み方に着目して，水のしみ込み方と土の粒の大きさとを関係付けて，降った雨の流れの行方を調べる。これらの活動を通して，土の粒の大きさによる水のしみ

込み方の違いについて，既習の内容や生活経験を基に，根拠のある予想や仮説を発想し，表現するとともに，水のしみ込み方は土の粒の大きさによって違いがあることを捉えるようにする。その際，水たまりができている地面とできていない地面を観察するとともに，水のしみ込み方の違いについて，虫眼鏡で土の粒の大きさを観察したり，粒の大きさの違う土を用いて，水がしみ込むまでの時間を比べたりすることが考えられる。

ここで扱う対象としては，(ｱ)については，雨があがった後の校庭や教材園などに見られる雨水の流れが考えられる。(ｲ)については，校庭や教材園，砂場などにある，粒の小さい土や粒の大きい土などが考えられる。

ここでの指導に当たっては，雨水の行方と地面の様子について調べる際，実際に校庭や教材園などに出て，地面の傾きの様子を調べたり，虫眼鏡で土の粒の大きさを観察したり，校庭や教材園，砂場などから土を採取して，粒の大きさの違いによる水のしみ込み方の違いを調べたりすることが考えられる。

日常生活との関連として，ここでの学習が排水の仕組みに生かされていることや，雨水が川へと流れ込むことに触れることで，自然災害との関連を図ることも考えられる。

なお，校庭での観察については，急な天候の変化や雷等に留意し，事故防止に配慮するように指導する。

(4) 天気の様子

> 天気や自然界の水の様子について，気温や水の行方に着目して，それらと天気の様子や水の状態変化とを関係付けて調べる活動を通して，次の事項を身に付けることができるよう指導する。
> ア　次のことを理解するとともに，観察，実験などに関する技能を身に付けること。
> 　(ｱ)　天気によって１日の気温の変化の仕方に違いがあること。
> 　(ｲ)　水は，水面や地面などから蒸発し，水蒸気になって空気中に含まれていくこと。また，空気中の水蒸気は，結露して再び水になって現れることがあること。
> イ　天気や自然界の水の様子について追究する中で，既習の内容や生活経験を基に，天気の様子や水の状態変化と気温や水の行方との関係について，根拠のある予想や仮説を発想し，表現すること。

本内容は，第３学年「Ｂ (2) 太陽と地面の様子」の学習を踏まえて，「地球」

についての基本的な概念等を柱とした内容のうちの「地球の大気と水の循環」に関わるものであり，第5学年「B (4) 天気の変化」の学習につながるものである。

　ここでは，児童が，気温や水の行方に着目して，それらと天気の様子や水の状態変化とを関係付けて，天気や自然界の水の様子を調べる活動を通して，それらについての理解を図り，観察，実験などに関する技能を身に付けるとともに，主に既習の内容や生活経験を基に，根拠のある予想や仮説を発想する力や主体的に問題解決しようとする態度を育成することがねらいである。

(ｱ) 天気と気温の変化に着目して，それらを関係付けて，1日の気温の変化を調べる。これらの活動を通して，天気の様子と気温との関係について，既習の内容や生活経験を基に，根拠のある予想や仮説を発想し，表現するとともに，天気によって1日の気温の変化の仕方に違いがあることを捉えるようにする。その際，1日の気温の変化の様子を調べてグラフに表すと，太陽が出ている晴れた穏やかな日には日中に気温が上がる山型のグラフになり，太陽が雲などで遮られている曇りや雨の日には高低差の小さいグラフになることから，1日の気温の変化の仕方は天気によって違いがあることを捉えるようにする。

(ｲ) 湿った地面が乾くなどの水の行方に着目して，それらと気温とを関係付けて，自然界の水の様子を調べる。これらの活動を通して，自然界の水の行方について，既習の内容や生活経験を基に，根拠のある予想や仮説を発想し，表現するとともに，水は，水面や地面などから蒸発し，水蒸気になって空気中に含まれていくことや，空気中の水蒸気は，結露して再び水になって現れることがあることを捉えるようにする。その際，例えば，水を入れた容器に覆いをしておくと，やがて内側に水滴が付いて曇ってくるといった現象を観察することから，自然界では水面や地面などから水が蒸発していることを捉えるようにする。また，冷えた物を常温の空気中に置くとその表面に水滴が付く現象などから，空気中には蒸発した水が水蒸気として存在していることや，冷やすと結露して再び水になって現れることがあることを捉えるようにする。

　ここでの指導に当たっては，気温の適切な測り方について，温度計などを用いて場所を決めて定点で観測する方法が身に付くようにする。その際，例えば，百葉箱の中に設置した温度計などを利用することが考えられる。さらに，1日の気温の変化の様子を調べた結果を，算数科の学習との関連を図りながら，グラフを用いて表したり，その変化の特徴を読み取ったりするなど，天気や自然界の水の様子について考えたり，説明したりする活動の充実を図るようにする。また，自然界での水の状態変化を捉えるために，第4学年「A (2) 金属，水，空気と温

度」の学習との関連を図るようにする。

　日常生活との関連としては，窓ガラスの内側の曇りなど，身の回りで見られる結露の現象を取り上げることが考えられる。

(5) 月と星

> 　月や星の特徴について，位置の変化や時間の経過に着目して，それらを関係付けて調べる活動を通して，次の事項を身に付けることができるよう指導する。
> ア　次のことを理解するとともに，観察，実験などに関する技能を身に付けること。
> 　(ｱ)　月は日によって形が変わって見え，1日のうちでも時刻によって位置が変わること。
> 　(ｲ)　空には，明るさや色の違う星があること。
> 　(ｳ)　星の集まりは，1日のうちでも時刻によって，並び方は変わらないが，位置が変わること。
> イ　月や星の特徴について追究する中で，既習の内容や生活経験を基に，月や星の位置の変化と時間の経過との関係について，根拠のある予想や仮説を発想し，表現すること。

　本内容は，第3学年「B (2) 太陽と地面の様子」の学習を踏まえて，「地球」についての基本的な概念等を柱とした内容のうちの「地球と天体の運動」に関わるものであり，第6学年「B (5) 月と太陽」の学習につながるものである。

　ここでは，児童が，月や星の位置の変化や時間の経過に着目して，それらを関係付けて，月や星の特徴を調べる活動を通して，それらについての理解を図り，観察，実験などに関する技能を身に付けるとともに，主に既習の内容や生活経験を基に，根拠のある予想や仮説を発想する力や主体的に問題解決しようとする態度を育成することがねらいである。

　(ｱ)　月の位置の変化や時間の経過に着目して，それらを関係付けて，月の見え方を調べる。これらの活動を通して，月の特徴について，既習の内容や生活経験を基に，根拠のある予想や仮説を発想し，表現するとともに，月は三日月や満月など日によって形が変わって見え，1日のうちでも時刻によって位置が変わることを捉えるようにする。その際，任意の時刻における月の位置を，木や建物など地上の物を目印にして調べたり，方位で表したりする活動を行い，月の見え方について調べることが考えられる。

(イ) 星の明るさや色に着目して，それらを比較しながら，星の明るさや色の違いを調べる。これらの活動を通して，星の特徴についての問題を見いだし，表現するとともに，空には，明るさの違う星があること，星には青白い色や赤い色など色の違いがあることを捉えるようにする。

(ウ) 星の位置の変化と時間の経過に着目して，それらを関係付けて，木や建物など地上の物を目印にして，星の位置の変化を調べる。これらの活動を通して，星の並び方や位置の変化について，既習の内容や生活経験を基に，根拠のある予想や仮説を発想し，表現するとともに，明るく輝く星をいくつか結んで何かの形に表すと星の集まりをつくることができ，これらの星の集まりは，時間の経過に伴って並び方は変わらないが位置が変化していることを捉えるようにする。

ここでの指導に当たっては，移動教室や宿泊を伴う学習の機会を生かして，実際に月や星を観察する機会を多くもつようにし，夜空に輝く無数の星に対する豊かな心情と天体に対する興味・関心をもつようにする。その際，方位磁針を用いて方位の確認をしたり，観察の時間間隔を一定にしたりして，決めた場所で月や星の位置の変化を観察する方法が身に付くようにする。また，学校では観察ができない時間帯の月や星の位置の変化については，映像や模型，プラネタリウムなどを活用することが考えられる。

なお，夜間の観察の際には，安全を第一に考え，事故防止に配慮するように指導する。

第3節　第5学年の目標及び内容

1　第5学年の目標

> (1) 物質・エネルギー
> ① 物の溶け方，振り子の運動，電流がつくる磁力についての理解を図り，観察，実験などに関する基本的な技能を身に付けるようにする。
> ② 物の溶け方，振り子の運動，電流がつくる磁力について追究する中で，主に予想や仮説を基に，解決の方法を発想する力を養う。
> ③ 物の溶け方，振り子の運動，電流がつくる磁力について追究する中で，主体的に問題解決しようとする態度を養う。
> (2) 生命・地球
> ① 生命の連続性，流れる水の働き，気象現象の規則性についての理解を図り，観察，実験などに関する基本的な技能を身に付けるようにする。
> ② 生命の連続性，流れる水の働き，気象現象の規則性について追究する中で，主に予想や仮説を基に，解決の方法を発想する力を養う。
> ③ 生命の連続性，流れる水の働き，気象現象の規則性について追究する中で，生命を尊重する態度や主体的に問題解決しようとする態度を養う。

　第5学年の目標は，自然の事物・現象について，理科の見方・考え方を働かせ，問題を追究する活動を通して，物の溶け方，振り子の運動，電流がつくる磁力，生命の連続性，流れる水の働き，気象現象の規則性についての理解を図り，観察，実験などに関する基本的な技能を身に付けるようにするとともに，問題解決の力や生命を尊重する態度，主体的に問題解決しようとする態度を養うことである。

　特に，本学年では，学習の過程において，自然の事物・現象から見いだした問題についての予想や仮説を基に，解決の方法を発想するといった問題解決の力を育成することに重点が置かれている。

(1)　「A物質・エネルギー」に関わる目標

　本区分では，物の溶け方，振り子の運動，電流がつくる磁力についての理解を

図り,観察,実験などに関する基本的な技能を身に付けるようにするとともに,主に予想や仮説を基に,解決の方法を発想するといった問題解決の力や主体的に問題解決しようとする態度を養うことが目標である。

ここでは,「粒子」についての基本的な概念等を柱とした内容として,「A (1) 物の溶け方」を設定する。「A (1) 物の溶け方」については,物が水に溶ける量や様子に着目して,水の温度や量などの条件を制御しながら調べ,物の溶け方の規則性を捉えるようにする。

また,「エネルギー」についての基本的な概念等を柱とした内容として,「A (2) 振り子の運動」,「A (3) 電流がつくる磁力」を設定する。「A (2) 振り子の運動」については,振り子が1往復する時間に着目して,おもりの重さや振り子の長さなどの条件を制御しながら調べ,振り子の運動の規則性を捉えるようにする。「A (3) 電流がつくる磁力」については,電流の大きさや向き,コイルの巻数などに着目して,それらの条件を制御しながら調べ,電流がつくる磁力について捉えるようにする。

(2) 「B生命・地球」に関わる目標

本区分では,生命の連続性,流れる水の働き,気象現象の規則性についての理解を図り,観察,実験などに関する基本的な技能を身に付けるようにするとともに,主に予想や仮説を基に,解決の方法を発想するといった問題解決の力や生命を尊重する態度,主体的に問題解決しようとする態度を養うことが目標である。

ここでは,「生命」についての基本的な概念等を柱とした内容として,「B (1) 植物の発芽,成長,結実」,「B (2) 動物の誕生」を設定する。「B (1) 植物の発芽,成長,結実」については,植物の発芽,成長及び結実の様子に着目して,それらに関わる条件を制御しながら調べ,植物の育ち方を捉えるようにする。「B (2) 動物の誕生」については,魚を育てたり人の発生についての資料を活用したりする中で,卵や胎児の様子に着目して,時間の経過と関係付けて調べ,動物の発生や成長について捉えるようにする。

また,「地球」についての基本的な概念等を柱とした内容として,「B (3) 流れる水の働きと土地の変化」,「B (4) 天気の変化」を設定する。「B (3) 流れる水の働きと土地の変化」については,流れる水の速さや量に着目して,それらの条件を制御しながら調べ,流れる水の働きと土地の変化を捉えるようにする。「B (4) 天気の変化」については,雲の量や動きに着目して,それらと天気の変化とを関係付けて調べ,天気の変化の仕方を捉えるようにする。

● 2　第5学年の内容

A　物質・エネルギー

(1) 物の溶け方

> 　物の溶け方について，溶ける量や様子に着目して，水の温度や量などの条件を制御しながら調べる活動を通して，次の事項を身に付けることができるよう指導する。
> ア　次のことを理解するとともに，観察，実験などに関する技能を身に付けること。
> 　(ｱ)　物が水に溶けても，水と物とを合わせた重さは変わらないこと。
> 　(ｲ)　物が水に溶ける量には，限度があること。
> 　(ｳ)　物が水に溶ける量は水の温度や量，溶ける物によって違うこと。また，この性質を利用して，溶けている物を取り出すことができること。
> イ　物の溶け方について追究する中で，物の溶け方の規則性についての予想や仮説を基に，解決の方法を発想し，表現すること。

（内容の取扱い）

> 　(2)　内容の「A物質・エネルギー」の(1)については，水溶液の中では，溶けている物が均一に広がることにも触れること。

　本内容は，第3学年「A (1) 物と重さ」の学習を踏まえて，「粒子」についての基本的な概念等を柱とした内容のうちの「粒子の保存性」に関わるものであり，第6学年「A (2) 水溶液の性質」の学習につながるものである。
　ここでは，児童が，物が水に溶ける量や様子に着目して，水の温度や量などの条件を制御しながら，物の溶け方の規則性を調べる活動を通して，それらについての理解を図り，観察，実験などに関する技能を身に付けるとともに，主に予想や仮説を基に，解決の方法を発想する力や主体的に問題解決しようとする態度を育成することがねらいである。
　(ｱ)　物が水に溶ける量や全体の量に着目して，溶かす前の物の重さに水の重さを加えた全体の重さと，溶かした後の水溶液の重さの変化を比較しながら調べる。これらの活動を通して，溶けた物の行方についての予想や仮説を基

に，解決の方法を発想し，表現するとともに，物が水に溶けてもなくならず，水と物とを合わせた重さは変わらないことを捉えるようにする。

(イ) 物が水に溶ける量に着目して，水の温度や量といった条件を制御しながら，水に物を溶かしたときの，物の溶ける量を調べる。これらの活動を通して，物の溶け方のきまりについての予想や仮説を基に，解決の方法を発想し，表現するとともに，物が一定量の水に溶ける量には限度があることを捉えるようにする。

(ウ) 物が水に溶ける量に着目して，水の温度や量といった条件を制御しながら，物の溶ける量やその変化を調べる。これらの活動を通して，物の溶け方のきまりについての予想や仮説を基に，解決の方法を発想し，表現するとともに，一定量の水を加熱したときの物の溶ける様子から，水溶液の温度が上昇すると，溶ける量も増えることや，高い温度で物を溶かした水溶液を冷やすと，溶けた物が出てくることを捉えるようにする。また，水の温度を一定にして，水の量を増やしたときの物の溶ける量の変化から，水の量が増えると溶ける量も増えることや，溶けた物は水溶液の中に存在することから，水溶液の水を蒸発させると，溶けた物が出てくることなどを捉えるようにする。さらに，それらの実験を複数の物を使って行い，物が水に溶ける量やその変化は，溶かす物によって違うことを捉えるようにする。

ここで扱う対象としては，水の温度や溶かす物の違いによって，溶ける量の違いが顕著に観察できるように，水の温度によって溶ける量の変化が大きい物と変化が小さい物を用いることが考えられる。また，加熱によって分解しにくく，安全性の高い物を扱うようにする。

ここでの指導に当たっては，例えば，有色の物を溶かしたとき，色が水溶液全体に均一に広がることから，溶けている物が均一に広がることにも触れるようにする。また，物が水に溶けても，水と物を合わせた重さは変わらないことについて，定量的な実験を通して捉えるようにすることが考えられる。さらに，物が溶けるということを，図や絵などを用いて表現したり，「水溶液」という言葉を使用して説明したりするなど，物の溶け方について考えたり，説明したりする活動の充実を図るようにする。

日常生活との関連として，水や湯に物を溶かした経験を想起させることが考えられる。

なお，実験を行う際には，メスシリンダーや電子てんびん，ろ過器具，加熱器具，温度計などの器具の適切な操作について，安全に配慮するように指導する。

(2) 振り子の運動

> 　振り子の運動の規則性について，振り子が１往復する時間に着目して，おもりの重さや振り子の長さなどの条件を制御しながら調べる活動を通して，次の事項を身に付けることができるよう指導する。
> ア　次のことを理解するとともに，観察，実験などに関する技能を身に付けること。
> 　(ｱ)　振り子が１往復する時間は，おもりの重さなどによっては変わらないが，振り子の長さによって変わること。
> イ　振り子の運動の規則性について追究する中で，振り子が１往復する時間に関係する条件についての予想や仮説を基に，解決の方法を発想し，表現すること。

　本内容は，第３学年「Ａ(2)風とゴムの力の働き」の学習を踏まえて，「エネルギー」についての基本的な概念等を柱とした内容のうちの「エネルギーの捉え方」に関わるものであり，第６学年「Ａ(3)てこの規則性」の学習につながるものである。

　ここでは，児童が，振り子が１往復する時間に着目して，おもりの重さや振り子の長さなどの条件を制御しながら，振り子の運動の規則性を調べる活動を通して，それらについての理解を図り，観察，実験などに関する技能を身に付けるとともに，主に予想や仮説を基に，解決の方法を発想する力や主体的に問題解決しようとする態度を育成することがねらいである。

　(ｱ)　振り子が１往復する時間に着目して，おもりの重さ，振り子の長さ，振れ幅などの条件を制御しながら，振り子が１往復する時間を変化させる条件を調べる。これらの活動を通して，振り子の運動の規則性についての予想や仮説を基に，解決の方法を発想し，表現するとともに，振り子が１往復する時間は，おもりの重さなどによっては変わらないが，振り子の長さによって変わることを捉えるようにする。

　ここでの指導に当たっては，振り子の長さや振れ幅を一定にしておもりの重さを変えるなど，変える条件と変えない条件を制御しながら実験を行うことによって，実験の結果を適切に処理し，考察することができるようにする。その際，振れ幅が極端に大きくならないように適切な振れ幅で実験を行うようにする。また，振り子の長さは糸などをつるした位置からおもりの重心までであることに留意する。さらに，伸びの少ない糸などを用いることや，おもりの数を増やして実験するときに，おもりを下につなげてつるすと振り子の長さも変わってしまうこ

とがあること，測定中の振れ幅の減少ができるだけ小さい振り子を使用することなどに留意する必要がある。

他教科等との関連として，実験を複数回行い，その結果を処理する際には，算数科の学習と関連付けて適切に処理できるようにする。

(3) 電流がつくる磁力

> 電流がつくる磁力について，電流の大きさや向き，コイルの巻数などに着目して，それらの条件を制御しながら調べる活動を通して，次の事項を身に付けることができるよう指導する。
> ア　次のことを理解するとともに，観察，実験などに関する技能を身に付けること。
> 　(ｱ)　電流の流れているコイルは，鉄心を磁化する働きがあり，電流の向きが変わると，電磁石の極も変わること。
> 　(ｲ)　電磁石の強さは，電流の大きさや導線の巻数によって変わること。
> イ　電流がつくる磁力について追究する中で，電流がつくる磁力の強さに関係する条件についての予想や仮説を基に，解決の方法を発想し，表現すること。

本内容は，第4学年「A(3)電流の働き」の学習を踏まえて，「エネルギー」についての基本的な概念等を柱とした内容のうちの「エネルギーの変換と保存」に関わるものであり，第6学年「A(4)電気の利用」の学習につながるものである。

ここでは，児童が，電流の大きさや向き，コイルの巻数などに着目して，これらの条件を制御しながら，電流がつくる磁力を調べる活動を通して，それらについての理解を図り，観察，実験などに関する技能を身に付けるとともに，主に予想や仮説を基に，解決の方法を発想する力や主体的に問題解決しようとする態度を育成することがねらいである。

(ｱ)　電流の大きさや向きに着目して，電磁石と磁石とを比較しながら，電磁石の性質を調べる。これらの活動を通して，電流がつくる磁力についての予想や仮説を基に，解決の方法を発想し，表現するとともに，電流には磁力を発生させ，鉄心を磁化させる働きがあり，電流の向きが変わると，電磁石の極も変わることを捉えるようにする。

(ｲ)　電流の大きさやコイルの巻数などに着目して，電流の大きさや導線の長さ，コイルの巻数などの条件を制御しながら，電磁石の強さを変化させる要

因を調べる。これらの活動を通して，電磁石の性質についての予想や仮説を基に，解決の方法を発想し，表現するとともに，電磁石の強さは，電流の大きさや導線の巻数によって変わることを捉えるようにする。

ここで扱う対象としては，乾電池のほかに充電式電池の利用が考えられる。ただし，一つの回路では，違う種類の電池が混在しないようにする。

ここでの指導に当たっては，電磁石の強さについて，導線の巻数を一定にして電流の大きさを変えるなど，変える条件と変えない条件を制御しながら実験を行うことによって，実験の結果を適切に処理し，考察することができるようにする。電流がつくる磁力を捉える際には，電流を流したコイルに方位磁針などを近付けて確かめることなどが考えられる。

なお，身の回りでは，様々な電磁石が利用されていることを日常生活と関連させて取り上げたり，科学館などを利用して調べたりすることが考えられる。

（内容の取扱い）

> (1) 内容の「A物質・エネルギー」の指導に当たっては，2種類以上のものづくりを行うものとする。

振り子の運動の規則性を活用したものづくりとしては，振り子の周期を変えるという観点から，例えば，規則正しく時間（リズム）を刻むことを目的とした簡易メトロノームなどが考えられる。

また，電流がつくる磁力を利用したものづくりとしては，電流の大きさなどによって電磁石の強さを変えるという観点から，例えば，物を動かすことを目的としたモーター，鉄を引き付けたり放したりして移動させることを目的としたクレーンなどが考えられる。

B 生命・地球

(1) 植物の発芽，成長，結実

> 植物の育ち方について，発芽，成長及び結実の様子に着目して，それらに関わる条件を制御しながら調べる活動を通して，次の事項を身に付けることができるよう指導する。
> ア　次のことを理解するとともに，観察，実験などに関する技能を身に付けること。

(ｱ) 植物は，種子の中の養分を基にして発芽すること。
　　　(ｲ) 植物の発芽には，水，空気及び温度が関係していること。
　　　(ｳ) 植物の成長には，日光や肥料などが関係していること。
　　　(ｴ) 花にはおしべやめしべなどがあり，花粉がめしべの先に付くとめしべのもとが実になり，実の中に種子ができること。
　　イ　植物の育ち方について追究する中で，植物の発芽，成長及び結実とそれらに関わる条件についての予想や仮説を基に，解決の方法を発想し，表現すること。

（内容の取扱い）

　(3) 内容の「B生命・地球」の(1)については，次のとおり取り扱うものとする。
　　ア　アの(ｱ)の「種子の中の養分」については，でんぷんを扱うこと。
　　イ　アの(ｴ)については，おしべ，めしべ，がく及び花びらを扱うこと。また，受粉については，風や昆虫などが関係していることにも触れること。

　本内容は，第4学年「B (2) 季節と生物」の学習を踏まえて，「生命」についての基本的な概念等を柱とした内容のうちの「生命の連続性」に関わるものであり，中学校第2分野「(1) ア (ｲ) 生物の体の共通点と相違点」，「(5) ア (ｱ) 生物の成長と殖え方」の学習につながるものである。

　ここでは，児童が，発芽，成長及び結実の様子に着目して，それらに関わる条件を制御しながら，植物の育ち方を調べることを通して，植物の発芽，成長及び結実とその条件についての理解を図り，観察，実験などに関する技能を身に付けるとともに，主に予想や仮説を基に，解決の方法を発想する力や生命を尊重する態度，主体的に問題解決しようとする態度を育成することがねらいである。

　(ｱ) 適当な温度下で種子に水を与えると，種子は水を吸い，根や芽を出し，発芽することから，発芽と種子の中の養分との関係に着目して，発芽前後の種子の養分の存在を比較しながら調べる。これらの活動を通して，発芽と種子の養分との関係についての予想や仮説を基に，解決の方法を発想し，表現するとともに，植物は，種子の中の養分を基にして発芽することを捉えるようにする。種子が発芽するための養分についてはでんぷんを扱う。その際，希釈したヨウ素液などを使用して，種子の中のでんぷんの存在を調べるなどの方法が考えられる。

(イ) 身近な植物の種子の発芽の様子に着目して，例えば，水や空気の条件を一定にして，温度の条件を変えるなど，水，空気及び温度といった条件を制御しながら，種子が発芽するために必要な環境条件を調べる。これらの活動を通して，発芽の条件についての予想や仮説を基に，解決の方法を発想し，表現するとともに，発芽には水，空気及び適当な温度が関係していることを捉えるようにする。

(ウ) 身近な植物の成長の様子に着目して，日光や肥料などの環境条件が適した場合とそうでない場合を設定するなど，条件を制御しながら植物が成長するのに必要な環境条件を調べる。これらの活動を通して，植物の成長の条件についての予想や仮説を基に，解決の方法を発想し，表現するとともに，植物の成長には，日光や肥料などが関係していることを捉えるようにする。

(エ) 身近な植物の花のつくりや結実の様子に着目して，おしべやめしべなどの花のつくりを調べたり，顕微鏡を使って花粉を観察したり，受粉の有無といった条件を制御しながら実のでき方を調べたりする。これらの活動を通して，花のつくりや結実の条件についての予想や仮説を基に，解決の方法を発想し，表現するとともに，花にはおしべやめしべなどがあり，花粉がめしべの先に付くとめしべのもとが実になり，実の中に種子ができることを捉えるようにする。また，ここで扱った植物が，自然の中では，風や昆虫などによって花粉が運ばれて受粉し結実することにも触れるようにする。

　ここで扱う対象としては，(ア)，(イ)では，種子が大きく，観察しやすいものを取り上げる。また，(ウ)では，生命尊重の立場から，成長との関係が確認できたところで実験を終了し，花壇などに植え替えるなどして，実験に利用した植物を枯らさないように配慮するようにする。さらに，(ア)，(イ)，(ウ)では，養分などの要因によって発芽や成長に関わる環境条件の制御が困難になることがないようにするため，養分の含まれていない保水性のある基質を使用することが考えられる。(エ)では，花のつくりについては，おしべ，めしべ，がく及び花びらの存在を確かめるようにする。受粉と結実との関係を調べるためには，おばな，めばなのある植物を扱って，実験を行うことが考えられる。

　ここでの指導に当たっては，発芽の条件と成長の条件について混同しやすいので，発芽と成長の意味を観察，実験を通して捉えるとともに，条件については，変える条件と変えない条件を区別し，その操作と関連付けてその意味を捉えるようにする。また，発芽や成長の条件について調べる際には，観察，実験の方法や結果を表に整理するなど，植物の育ち方について考えたり，説明したりする活動の充実を図るようにする。花粉の観察においては，顕微鏡を適切に操作して，花粉の特徴を捉えることが考えられる。

(2) 動物の誕生

> 　動物の発生や成長について，魚を育てたり人の発生についての資料を活用したりする中で，卵や胎児の様子に着目して，時間の経過と関係付けて調べる活動を通して，次の事項を身に付けることができるよう指導する。
> ア　次のことを理解するとともに，観察，実験などに関する技能を身に付けること。
> 　(ｱ)　魚には雌雄があり，生まれた卵は日がたつにつれて中の様子が変化してかえること。
> 　(ｲ)　人は，母体内で成長して生まれること。
> イ　動物の発生や成長について追究する中で，動物の発生や成長の様子と経過についての予想や仮説を基に，解決の方法を発想し，表現すること。

（内容の取扱い）

> (4)　内容の「Ｂ生命・地球」の(2)のアの(ｲ)については，人の受精に至る過程は取り扱わないものとする。

　本内容は，第４学年「Ｂ(2)季節と生物」の学習を踏まえて，「生命」についての基本的な概念等を柱とした内容のうちの「生命の連続性」に関わるものであり，中学校第２分野「(5)ア(ｱ)生物の成長と殖え方」の学習につながるものである。

　ここでは，児童が，魚を育てたり人の発生についての資料を活用したりする中で，卵や胎児の様子に着目して，時間の経過と関係付けて，動物の発生や成長を調べる活動を通して，それらについての理解を図り，観察，実験などに関する技能を身に付けるとともに，主に予想や仮説を基に，解決の方法を発想する力や生命を尊重する態度，主体的に問題解決しようとする態度を育成することがねらいである。

(ｱ)　魚を育て観察する中で，魚が産んだ卵の中の様子に着目して，それらと時間の経過とを関係付けて，卵の中の変化を継続して観察して調べる。これらの活動を通して，卵の中が変化する様子やふ化する様子についての予想や仮説を基に，解決の方法を発想し，表現するとともに，魚には雌雄があり，生まれた卵は日がたつにつれて中の様子が変化してかえることを捉えるようにする。その際，雌雄では体の形状が異なることや，卵の中には育つための養分が含まれていることも捉えるようにする。

(イ) 胎児の母体内での成長に着目して，それらと時間の経過とを関係付けて，胎児の成長の様子を調べる。これらの活動を通して，人の母体内での成長についての予想や仮説を基に，解決の方法を発想し，表現するとともに，人は，受精した卵が母体内で少しずつ成長して体ができていくことや，母体内でへその緒を通して養分をもらって成長することを捉えるようにする。

ここで扱う対象としては，(ア)については，内部の変化の様子を捉えやすい魚の卵が適しており，これらを実体顕微鏡などを用いて観察していくようにする。(イ)については，母体内の成長を直接観察することが困難なので，映像や模型，その他の資料を活用して調べるようにする。

ここでの指導に当たっては，(ア)については，観察の計画を立て，継続的に調べるようにする。魚の卵の内部の変化を観察する際に，実体顕微鏡などの観察器具を適切に操作できるように指導する。また，(イ)については，資料を基に調べる計画を立てるようにする。母体内での成長については，直接観察することが難しく，連続的に成長していくことを捉えにくいので，魚の卵の成長と関係付けながら捉えるようにする。

なお，ここでは，人の卵と精子が受精に至る過程については取り扱わないものとする。

(3) 流れる水の働きと土地の変化

> 流れる水の働きと土地の変化について，水の速さや量に着目して，それらの条件を制御しながら調べる活動を通して，次の事項を身に付けることができるよう指導する。
> ア　次のことを理解するとともに，観察，実験などに関する技能を身に付けること。
> 　(ア) 流れる水には，土地を侵食したり，石や土などを運搬したり堆積させたりする働きがあること。
> 　(イ) 川の上流と下流によって，川原の石の大きさや形に違いがあること。
> 　(ウ) 雨の降り方によって，流れる水の速さや量は変わり，増水により土地の様子が大きく変化する場合があること。
> イ　流れる水の働きについて追究する中で，流れる水の働きと土地の変化との関係についての予想や仮説を基に，解決の方法を発想し，表現すること。

（内容の取扱い）

> (5) 内容の「B生命・地球」の(3)のアの(ｳ)については，自然災害についても触れること。

　本内容は，第4学年「B(3)雨水の行方と地面の様子」の学習を踏まえて，「地球」についての基本的な概念等を柱とした内容のうちの「地球の内部と地表面の変動」，「地球の大気と水の循環」に関わるものであり，第6学年「B(4)土地のつくりと変化」の学習につながるものである。

　ここでは，児童が，流れる水の速さや量に着目して，それらの条件を制御しながら，流れる水の働きと土地の変化を調べる活動を通して，それらについての理解を図り，観察，実験などに関する技能を身に付けるとともに，主に予想や仮説を基に，解決の方法を発想する力や主体的に問題解決しようとする態度を育成することがねらいである。

(ｱ) 川を流れる水の速さや量に着目して，それらと土地の変化とを関係付けて，流れる水の働きを調べる。これらの活動を通して，流れる水の働きと土地の変化との関係についての予想や仮説を基に，解決の方法を発想し，表現するとともに，流れる水には，土地を侵食したり，石や土などを運搬したり堆積させたりする働きがあることを捉えるようにする。

(ｲ) 川を流れる水の速さや量に着目して，それらと川原の石の大きさや形とを関係付けて，川の様子の違いを調べる。これらの活動を通して，石の大きさや形と流れる水の働きとの関係についての予想や仮説を基に，解決の方法を発想し，表現するとともに，川の上流と下流によって，川原の石の大きさや形に違いがあることを捉えるようにする。また，上流から下流まで，川を全体として捉え，上流では侵食の働きがよく見られ，下流では堆積の働きがよく見られることなど，流れる水の働きの違いによる川の様子の違いを捉えるようにする。

(ｳ) 雨が短時間に多量に降ったり，長時間降り続いたりしたときの川を流れる水の速さや量に着目して，水の速さや量といった条件を制御しながら，増水による土地の変化の様子を調べる。これらの活動を通して，水の速さや量の変化に伴う流れる水の働きの変化についての予想や仮説を基に，解決の方法を発想し，表現するとともに，雨の降り方によって，水の速さや量が増し，地面を大きく侵食したり，石や土を多量に運搬したり堆積させたりして，土地の様子が大きく変化する場合があることを捉えるようにする。

　ここでの指導に当たっては，野外での直接観察のほか，適宜，人工の流れをつ

くったモデル実験を取り入れて，流れる水の速さや量を変え，土地の変化の様子を調べることで，流れる水の働きについて捉えるようにすることが考えられる。また，流れる水には，土地を侵食したり，石や土などを運搬したり堆積させたりする働きがあることや増水により土地の様子が大きく変化することを捉えるために，第4学年「B (3)雨水の行方と地面の様子」の学習との関連を図るようにする。さらに，観察，実験の結果と実際の川の様子とを関係付けて捉えたり，長雨や集中豪雨により増水した川の様子を捉えたりするために，映像，図書などの資料を活用することが考えられる。

日常生活との関連としては，長雨や集中豪雨がもたらす川の増水による自然災害に触れるようにする。

なお，川の現地学習に当たっては，気象情報に注意するとともに，事故防止に配慮するように指導する。

(4) 天気の変化

> 天気の変化の仕方について，雲の様子を観測したり，映像などの気象情報を活用したりする中で，雲の量や動きに着目して，それらと天気の変化とを関係付けて調べる活動を通して，次の事項を身に付けることができるよう指導する。
> ア　次のことを理解するとともに，観察，実験などに関する技能を身に付けること。
> 　(ア)　天気の変化は，雲の量や動きと関係があること。
> 　(イ)　天気の変化は，映像などの気象情報を用いて予想できること。
> イ　天気の変化の仕方について追究する中で，天気の変化の仕方と雲の量や動きとの関係についての予想や仮説を基に，解決の方法を発想し，表現すること。

(内容の取扱い)

> (6)　内容の「B生命・地球」の(4)のアの(イ)については，台風の進路による天気の変化や台風と降雨との関係及びそれに伴う自然災害についても触れること。

本内容は，第4学年「B (4)天気の様子」の学習を踏まえて，「地球」についての基本的な概念等を柱とした内容のうちの「地球の大気と水の循環」に関わる

ものであり，中学校第2分野「(4)気象とその変化」の学習につながるものである。

ここでは，児童が，雲の量や動きに着目して，それらと天気の変化とを関係付けて，天気の変化の仕方を調べる活動を通して，それらについての理解を図り，観察，実験などに関する技能を身に付けるとともに，主に予想や仮説を基に，解決の方法を発想する力や主体的に問題解決しようとする態度を育成することがねらいである。

(ア) 雲の量や動きに着目して，それらと天気の変化とを関係付けて，1日の雲の量や動きを調べる。これらの活動を通して，天気の変化の仕方についての予想や仮説を基に，解決の方法を発想し，表現するとともに，天気の変化は，雲の量や動きと関係があることを捉えるようにする。また，実際に観察した結果から，雲の形や量，動きの多様さに触れ，雲には様々なものがあることを捉えるようにする。

(イ) 数日間の雲の量や動きに着目して，それらと気象衛星などから得た雲の量や動きの情報とを関係付けて，天気の変化の仕方を調べる。これらの活動を通して，天気の変化の仕方についての予想や仮説を基に，解決の方法を発想し，表現するとともに，天気はおよそ西から東へ変化していくという規則性があり，映像などの気象情報を用いて予想ができることを捉えるようにする。その際，台風の進路についてはこの規則性が当てはまらないことや，台風がもたらす降雨は短時間に多量になることにも触れるようにする。

ここで扱う対象としては，雨に関係する雲として，例えば，乱層雲や積乱雲などが考えられる。

ここでの指導に当たっては，身近な自然現象としての雲を観察することにより，気象現象に興味・関心をもち，天気を予想することができるようにする。

日常生活との関連としては，長雨や集中豪雨，台風などの気象情報から，自然災害に触れるようにする。

なお，雲を野外で観察する際には，気象情報に注意するとともに，太陽を直接見ないように指導し，事故防止に配慮するように指導する。

第4節　第6学年の目標及び内容

1　第6学年の目標

(1) 物質・エネルギー

① 燃焼の仕組み，水溶液の性質，てこの規則性及び電気の性質や働きについての理解を図り，観察，実験などに関する基本的な技能を身に付けるようにする。

② 燃焼の仕組み，水溶液の性質，てこの規則性及び電気の性質や働きについて追究する中で，主にそれらの仕組みや性質，規則性及び働きについて，より妥当な考えをつくりだす力を養う。

③ 燃焼の仕組み，水溶液の性質，てこの規則性及び電気の性質や働きについて追究する中で，主体的に問題解決しようとする態度を養う。

(2) 生命・地球

① 生物の体のつくりと働き，生物と環境との関わり，土地のつくりと変化，月の形の見え方と太陽との位置関係についての理解を図り，観察，実験などに関する基本的な技能を身に付けるようにする。

② 生物の体のつくりと働き，生物と環境との関わり，土地のつくりと変化，月の形の見え方と太陽との位置関係について追究する中で，主にそれらの働きや関わり，変化及び関係について，より妥当な考えをつくりだす力を養う。

③ 生物の体のつくりと働き，生物と環境との関わり，土地のつくりと変化，月の形の見え方と太陽との位置関係について追究する中で，生命を尊重する態度や主体的に問題解決しようとする態度を養う。

　第6学年の目標は，自然の事物・現象について，理科の見方・考え方を働かせ，問題を追究する活動を通して，燃焼の仕組み，水溶液の性質，てこの規則性及び電気の性質や働き，生物の体のつくりと働き，生物と環境との関わり，土地のつくりと変化，月の形の見え方と太陽との位置関係についての理解を図り，観察，実験などに関する基本的な技能を身に付けるようにするとともに，問題解決の力や生命を尊重する態度，主体的に問題解決しようとする態度を養うことである。

　特に，本学年では，学習の過程において，自然の事物・現象から見いだした問

題について追究し,より妥当な考えをつくりだすといった問題解決の力を育成することに重点が置かれている。

(1) 「A物質・エネルギー」に関わる目標

本区分では,燃焼の仕組み,水溶液の性質,てこの規則性及び電気の性質や働きについての理解を図り,観察,実験などに関する基本的な技能を身に付けるようにするとともに,主にこれらの仕組みや性質,規則性及び働きについて,より妥当な考えをつくりだすといった問題解決の力や主体的に問題解決しようとする態度を養うことが目標である。

ここでは,「粒子」についての基本的な概念等を柱とした内容として,「A (1) 燃焼の仕組み」,「A (2) 水溶液の性質」を設定する。「A (1) 燃焼の仕組み」については,空気の変化に着目して,物の燃え方を多面的に調べ,燃焼の仕組みを捉えるようにする。「A (2) 水溶液の性質」については,溶けている物に着目して,それらによる水溶液の性質や働きの違いを多面的に調べ,水溶液の性質や働きを捉えるようにする。

また,「エネルギー」についての基本的な概念等を柱とした内容として,「A (3) てこの規則性」,「A (4) 電気の利用」を設定する。「A (3) てこの規則性」については,力を加える位置や力の大きさに着目して,これらの条件とてこの働きとの関係を多面的に調べ,てこの規則性を捉えるようにする。「A (4) 電気の利用」については,電気の量や働きに着目して,それらを多面的に調べ,発電や蓄電,電気の変換を捉えるようにする。

(2) 「B生命・地球」に関わる目標

本区分では,生物の体のつくりと働き,生物と環境との関わり,土地のつくりと変化,月の形の見え方と太陽との位置関係についての理解を図り,観察,実験などに関する基本的な技能を身に付けるようにするとともに,主にこれらの働きや関わり,変化及び関係について,より妥当な考えをつくりだすといった問題解決の力や生命を尊重する態度,主体的に問題解決しようとする態度を養うことが目標である。

ここでは,「生命」についての基本的な概念等を柱とした内容として,「B (1) 人の体のつくりと働き」,「B (2) 植物の養分と水の通り道」,「B (3) 生物と環境」を設定する。「B (1) 人の体のつくりと働き」については,体のつくりと呼吸,消化,排出及び循環の働きに着目して,生命を維持する働きを多面的に調べ,人や他の動物の体のつくりと働きを捉えるようにする。「B (2) 植物の養分と水の通り道」については,植物の体のつくりと体内の水などの行方や葉で養分をつく

る働きに着目して,生命を維持する働きを多面的に調べ,植物の体のつくりと働きを捉えるようにする。「B (3) 生物と環境」については,生物と水,空気及び食べ物との関わりや,人と環境との関わりに着目して,それらを多面的に調べ,生物と環境との関わりを捉えるようにする。

また,「地球」についての基本的な概念等を柱とした内容として,「B (4) 土地のつくりと変化」,「B (5) 月と太陽」を設定する。「B (4) 土地のつくりと変化」については,土地やその中に含まれる物に着目して,土地のつくりやでき方を多面的に調べ,土地のつくりと変化を捉えるようにする。「B (5) 月と太陽」については,月と太陽の位置に着目して,これらの位置関係を多面的に調べ,月の形の見え方と月と太陽の位置関係を捉えるようにする。

2 第6学年の内容

A 物質・エネルギー

(1) 燃焼の仕組み

> 燃焼の仕組みについて,空気の変化に着目して,物の燃え方を多面的に調べる活動を通して,次の事項を身に付けることができるよう指導する。
> ア 次のことを理解するとともに,観察,実験などに関する技能を身に付けること。
> 　(ア) 植物体が燃えるときには,空気中の酸素が使われて二酸化炭素ができること。
> イ 燃焼の仕組みについて追究する中で,物が燃えたときの空気の変化について,より妥当な考えをつくりだし,表現すること。

本内容は,第4学年「A (1) 空気と水の性質」の学習を踏まえて,「粒子」についての基本的な概念等を柱とした内容のうちの「粒子の存在」,「粒子の結合」に関わるものであり,中学校第1分野「(2) ア (ア) 物質のすがた」,「(4) ア (イ) 化学変化」の学習につながるものである。

ここでは,児童が,空気の変化に着目して,物の燃え方を多面的に調べる活動を通して,燃焼の仕組みについての理解を図り,観察,実験などに関する技能を身に付けるとともに,主により妥当な考えをつくりだす力や主体的に問題解決しようとする態度を育成することがねらいである。

(ｱ) 植物体が燃えるときの空気の変化に着目して，植物体が燃える前と燃えた後での空気の性質や植物体の変化を多面的に調べる。これらの活動を通して，燃焼の仕組みについて，より妥当な考えをつくりだし，表現するとともに，植物体が燃えるときには，空気中に含まれる酸素の一部が使われて，二酸化炭素ができることを捉えるようにする。また，酸素には物を燃やす働きがあることや，燃えた後の植物体の様子も変化していることを捉えるようにする。さらに，実験結果や資料を基に，空気には，主に，窒素，酸素，二酸化炭素が含まれていることを捉えるようにする。その際，植物体を空気中で燃やすと，空気の入れ替わるところでは燃えるが，入れ替わらないところでは燃えなくなってしまうことを，実験を通して捉えることが考えられる。

　ここで扱う対象としては，燃焼の様子を観察しやすい植物体として，例えば，木片や紙などが考えられる。

　ここでの指導に当たっては，日常生活の中で物を燃やす体験が少ない現状を踏まえ，物が燃える現象を十分に観察できるような場を設定する。また，物が燃える際に，酸素の一部が使われ二酸化炭素ができることを捉える際には，二酸化炭素の有無を調べることができる石灰水や，酸素や二酸化炭素の割合を調べることのできる気体検知管や気体センサーといった測定器具などを用いることが考えられる。その際，物が燃えたときの空気の変化について，図や絵，文を用いて表現するなど，燃焼の仕組みについて考えたり，説明したりする活動の充実を図るようにする。

　なお，燃焼実験の際の火の取扱いや気体検知管の扱い方などについて十分指導するとともに，保護眼鏡を使用するなど，安全に配慮するように指導する。

(2) 水溶液の性質

　水溶液について，溶けている物に着目して，それらによる水溶液の性質や働きの違いを多面的に調べる活動を通して，次の事項を身に付けることができるよう指導する。
ア　次のことを理解するとともに，観察，実験などに関する技能を身に付けること。
　(ｱ) 水溶液には，酸性，アルカリ性及び中性のものがあること。
　(ｲ) 水溶液には，気体が溶けているものがあること。
　(ｳ) 水溶液には，金属を変化させるものがあること。
イ　水溶液の性質や働きについて追究する中で，溶けているものによる性質や働きの違いについて，より妥当な考えをつくりだし，表現する

　　　　こと。

　本内容は，第5学年「A(1)物の溶け方」の学習を踏まえて，「粒子」についての基本的な概念等を柱とした内容のうちの「粒子の結合」，「粒子の保存性」に関わるものであり，中学校第1分野「(2)ア(イ)水溶液」，「(4)ア(イ)化学変化」の学習につながるものである。

　ここでは，児童が，水に溶けている物に着目して，それらによる水溶液の性質や働きの違いを多面的に調べる活動を通して，水溶液の性質や働きについての理解を図り，観察，実験などに関する技能を身に付けるとともに，主により妥当な考えをつくりだす力や主体的に問題解決しようとする態度を育成することがねらいである。

(ア) 水に溶けている物に着目して，水溶液の違いを多面的に調べる。これらの活動を通して，水溶液の性質について，より妥当な考えをつくりだし，表現するとともに，水溶液には，酸性，アルカリ性及び中性のものがあることを捉えるようにする。その際，水溶液には，色やにおいなどの異なるものがあることや，同じように無色透明な水溶液でも，溶けている物を取り出すと違った物が出てくることがあることなどから，水溶液の性質の違いを捉えるようにする。また，リトマス紙などを用いて調べることにより，酸性，アルカリ性，中性の三つの性質にまとめられることを捉えるようにする。

(イ) 水に溶けている物に着目して，水溶液の性質や働きを多面的に調べる。これらの活動を通して，気体が溶けている水溶液の性質や働きについて，より妥当な考えをつくりだし，表現するとともに，水溶液には気体が溶けているものがあることを捉えるようにする。その際，水溶液を振り動かしたり温めたりすると，気体を発生するものがあることや，発生した気体を調べると，その気体特有の性質を示すものがあること，発生した気体は再び水に溶けることを捉えるようにする。さらに，水溶液を加熱すると，固体が溶けている場合と違って，何も残らないものがあることから，溶けていた気体が空気中に出ていったことを捉えるようにする。

(ウ) 水溶液に溶かした金属や水溶液から取り出した物に着目して，水溶液の性質や働きの違いを多面的に調べる。これらの活動を通して，水溶液の性質や働きについて，より妥当な考えをつくりだし，表現するとともに，水溶液には，金属を入れると金属が溶けて気体を発生させたり，金属の表面の様子を変化させたりするものがあることを捉えるようにする。その際，金属が溶けた水溶液から溶けている物を取り出して調べると，元の金属とは違う新しい物ができていることがあることを実験を通して捉えるようにする。

ここで扱う対象としては，水溶液については，例えば，炭酸水，薄い塩酸，薄い水酸化ナトリウム水溶液などが考えられる。(ｳ)については，例えば，鉄やアルミニウムなど，生活の中でよく見かけるもので性質やその変化が捉えやすい金属を使用することが考えられる。

　ここでの指導に当たっては，水溶液の性質や金属の質的変化について，多面的に調べた結果を表に整理したり，そこから考えたことを図や絵，文を用いて表現したりするなど，水溶液の性質について考えたり，説明したりする活動の充実を図るようにする。

　日常生活との関連として，身の回りで使用されている酸性やアルカリ性の水溶液を調べるといった活動が考えられる。

　なお，実験に使用する薬品については，その危険性や扱い方について十分指導するとともに，保護眼鏡を使用するなど，安全に配慮するように指導する。また，事故のないように配慮し管理するとともに，使用した廃液などについても，環境に配慮し適切に処理する必要があることを指導する。

(3) てこの規則性

> 　てこの規則性について，力を加える位置や力の大きさに着目して，てこの働きを多面的に調べる活動を通して，次の事項を身に付けることができるよう指導する。
> ア　次のことを理解するとともに，観察，実験などに関する技能を身に付けること。
> 　(ｱ)　力を加える位置や力の大きさを変えると，てこを傾ける働きが変わり，てこがつり合うときにはそれらの間に規則性があること。
> 　(ｲ)　身の回りには，てこの規則性を利用した道具があること。
> イ　てこの規則性について追究する中で，力を加える位置や力の大きさとてこの働きとの関係について，より妥当な考えをつくりだし，表現すること。

　本内容は，第5学年「A (2) 振り子の運動」の学習を踏まえて，「エネルギー」についての基本的な概念等を柱とした内容のうちの「エネルギーの捉え方」に関わるものであり，中学校第1分野「(1) ア (ｲ) 力の働き」の学習につながるものである。

　ここでは，児童が，加える力の位置や大きさに着目して，これらの条件とてこの働きとの関係を多面的に調べる活動を通して，てこの規則性についての理解を

図り，観察，実験などに関する技能を身に付けるとともに，主により妥当な考えをつくりだす力や主体的に問題解決しようとする態度を育成することがねらいである。

(ｱ) てこを働かせたときの，力を加える位置や力の大きさに着目して，てこのつり合いの条件を制御しながら調べる。これらの活動を通して，力を加える位置や力の大きさとてこを傾ける働きとの関係について，より妥当な考えをつくりだし，表現するとともに，力を加える位置や力の大きさを変えると，てこを傾ける働きが変わり，てこがつり合うときにはそれらの間に規則性があることを捉えるようにする。その際，1カ所で支えて水平になった棒の支点から左右に等距離の位置に物をつり下げ，両側の物の重さが等しいとき，棒が水平になってつり合うことも捉えるようにする。

(ｲ) 身の回りの様々な道具で，力を加える位置や力の大きさに着目して，てこの規則性と道具の仕組みや働きとの関係を多面的に調べる。これらの活動を通して，てこの規則性について，より妥当な考えをつくりだし，表現するとともに，身の回りには，てこの規則性を利用した道具があり，てこの規則性が日常生活の様々な場面で活用されていることを捉えるようにする。

ここで扱う対象としては，(ｱ)については，てこ実験器，(ｲ)については，ペンチ，釘抜き，空き缶つぶし，トングなどが考えられる。

ここでの指導に当たっては，支点からの距離とおもりの重さとの関係を表などに整理するなど，てこの規則性について考えたり，説明したりする活動の充実を図り，これらの活動を通して，てこがつり合っている場合は，「左側の（力点にかかるおもりの重さ）×（支点から力点までの距離）＝右側の（力点にかかるおもりの重さ）×（支点から力点までの距離）」という関係式が成立することを捉えるようにする。このことから，てこを傾ける働きの大きさが，（力点にかかるおもりの重さ）×（支点から力点までの距離）で決まり，両側のてこを傾ける働きの大きさが等しいときにつり合うというてこの規則性を捉えるようにする。その際，算数科の反比例の学習と関連を図ることが考えられる。

日常生活との関連として，てこの規則性が利用されている様々な道具を調べる際には，「支点」，「力点」，「作用点」等の言葉を用いて説明したり，どのような便利さが得られるかについて話し合ったりするなど，道具の効果とてこの規則性とを関係付けて考えられるようにする。

(4) 電気の利用

> 　発電や蓄電，電気の変換について，電気の量や働きに着目して，それらを多面的に調べる活動を通して，次の事項を身に付けることができるよう指導する。
> 　ア　次のことを理解するとともに，観察，実験などに関する技能を身に付けること。
> 　　(ｱ)　電気は，つくりだしたり蓄えたりすることができること。
> 　　(ｲ)　電気は，光，音，熱，運動などに変換することができること。
> 　　(ｳ)　身の回りには，電気の性質や働きを利用した道具があること。
> 　イ　電気の性質や働きについて追究する中で，電気の量と働きとの関係，発電や蓄電，電気の変換について，より妥当な考えをつくりだし，表現すること。

（内容の取扱い）

> (2)　内容の「A物質・エネルギー」の(4)のアの(ｱ)については，電気をつくりだす道具として，手回し発電機，光電池などを扱うものとする。

　本内容は，第5学年「A (3) 電流がつくる磁力」の学習を踏まえて，「エネルギー」についての基本的な概念等を柱とした内容のうちの「エネルギーの変換と保存」，「エネルギー資源の有効利用」に関わるものであり，中学校第1分野「(3)ア (ｱ) 電流」，「(7) 科学技術と人間」の学習につながるものである。

　ここでは，児童が，電気の量や働きに着目して，それらを多面的に調べる活動を通して，発電や蓄電，電気の変換についての理解を図り，観察，実験などに関する技能を身に付けるとともに，主により妥当な考えをつくりだす力や主体的に問題解決しようとする態度を育成することがねらいである。

(ｱ)　身の回りにある発電，蓄電に関する道具に着目して，手回し発電機や光電池などを使って発電したり，蓄電器に電気を蓄えたりできることを多面的に調べる。これらの活動を通して，発電や蓄電について，電気の量と働きとの関係について，より妥当な考えをつくりだし，表現するとともに，電気は，つくりだしたり蓄えたりすることができることを捉えるようにする。

(ｲ)　豆電球や発光ダイオードを点灯させたり，電子オルゴールを鳴らしたり，電熱線を発熱させたり，モーターを回転させたりしたときの電気の働きに着

目して，それらを多面的に調べる。これらの活動を通して，電気の変換について，より妥当な考えをつくりだし，表現するとともに，電気は，光，音，熱，運動などに変換することができることを捉えるようにする。

(ｳ) 身の回りにある，電気を利用している道具の働きに着目して，電気の利用の仕方を多面的に調べる。これらの活動を通して，発電や蓄電，電気の変換について，より妥当な考えをつくりだし，表現するとともに，発電したり，蓄電したり，変換させたりしながら利用していることを捉えるようにする。その際，身の回りには，電気の働きを目的に合わせて制御したり，電気を効率よく利用したりしている物があることを捉えるようにする。

　ここで扱う対象としては，電気を蓄える物として，例えば，コンデンサーなどの蓄電器が考えられる。電気をつくりだしたり，蓄電器などに電気を蓄えたりすることができることについては，豆電球や発光ダイオードの点灯やモーターの回転などによって捉えるようにする。

　ここでの指導に当たっては，児童が手回し発電機や光電池などを使って自分で電気をつくりだし，その電気を蓄えたり，変換したりすることにより，エネルギーが蓄えられることや変換されることを体験的に捉えるようにする。

　日常生活との関連としては，エネルギー資源の有効利用という観点から，電気の効率的な利用について捉えるようにする。このことについて，例えば，蓄電した電気を使って，発光ダイオードと豆電球の点灯時間を比較することが考えられる。また，身の回りには，温度センサーなどを使って，エネルギーを効率よく利用している道具があることに気付き，実際に目的に合わせてセンサーを使い，モーターの動きや発光ダイオードの点灯を制御するなどといったプログラミングを体験することを通して，その仕組みを体験的に学習するといったことが考えられる。

（内容の取扱い）

> (1) 内容の「Ａ物質・エネルギー」の指導に当たっては，2種類以上のものづくりを行うものとする。

　てこの規則性を活用したものづくりとしては，てこの働きを利用するという観点から，用途に応じて作用する力の大きさを制御することを目的としたてこや，物の重さを測定することを目的としたてんびんばかりなどが考えられる。

　また，電気の働きを活用したものづくりとしては，風力や太陽光といった自然エネルギーでつくりだした電気を蓄電器に蓄えて効率的に利用することを目的とした照明などが考えられる。その際，目的に合わせてセンサーを使い，発光ダイ

オードの点灯を制御することなどが考えられる。

B　生命・地球

(1) 人の体のつくりと働き

> 　　人や他の動物について，体のつくりと呼吸，消化，排出及び循環の働きに着目して，生命を維持する働きを多面的に調べる活動を通して，次の事項を身に付けることができるよう指導する。
> ア　次のことを理解するとともに，観察，実験などに関する技能を身に付けること。
> 　(ｱ)　体内に酸素が取り入れられ，体外に二酸化炭素などが出されていること。
> 　(ｲ)　食べ物は，口，胃，腸などを通る間に消化，吸収され，吸収されなかった物は排出されること。
> 　(ｳ)　血液は，心臓の働きで体内を巡り，養分，酸素及び二酸化炭素などを運んでいること。
> 　(ｴ)　体内には，生命活動を維持するための様々な臓器があること。
> イ　人や他の動物の体のつくりと働きについて追究する中で，体のつくりと呼吸，消化，排出及び循環の働きについて，より妥当な考えをつくりだし，表現すること。

（内容の取扱い）

> (3)　内容の「B生命・地球」の(1)については，次のとおり取り扱うものとする。
> ア　アの(ｳ)については，心臓の拍動と脈拍とが関係することにも触れること。
> イ　アの(ｴ)については，主な臓器として，肺，胃，小腸，大腸，肝臓，腎臓，心臓を扱うこと。

　本内容は，第4学年「B(1)人の体のつくりと運動」の学習を踏まえて，「生命」についての基本的な概念等を柱とした内容のうちの「生物の構造と機能」に関わるものであり，中学校第2分野「(3)ア(ｳ)動物の体のつくりと働き」の学習につながるものである。

ここでは，児童が，体のつくりと呼吸，消化，排出及び循環の働きに着目して，生命を維持する働きを多面的に調べる活動を通して，人や他の動物の体のつくりと働きについての理解を図り，観察，実験などに関する技能を身に付けるとともに，主により妥当な考えをつくりだす力や生命を尊重する態度，主体的に問題解決しようとする態度を育成することがねらいである。

(ｱ) 人や他の動物の呼吸の働きに着目して，吸気と呼気の成分などを基に，肺を通して血液中に酸素を取り入れ，血液中の二酸化炭素などを体外に排出する働きを多面的に調べる。これらの活動を通して，呼吸の働きについて，より妥当な考えをつくりだし，表現するとともに，人や他の動物は体内に酸素を取り入れ，体外に二酸化炭素などを出していることを捉えるようにする。

(ｲ) 人や他の動物の消化の働きに着目して，食べた物が変化し体内に取り入れられることを多面的に調べる。これらの活動を通して，消化や排出の働きについて，より妥当な考えをつくりだし，表現するとともに，食べた物は口から，食道，胃，小腸，大腸へと移動する間に消化されていくことや，口では咀しゃくが行われ，消化された養分は腸から吸収されて血液中に入り，吸収されなかった物はふんとして肛門から排出されることを捉えるようにする。

(ｳ) 人や他の動物の血液の循環に着目して，心臓の動きと血液の流れを関係付けて，血液に入った養分や酸素，肺から取り入れられた酸素の行方などを多面的に調べる。これらの活動を通して，血液の働きについて，より妥当な考えをつくりだし，表現するとともに，血液が，心臓の働きで体内を巡り，養分や酸素などを体のすみずみまで運んでいることや二酸化炭素を体のすみずみから運び出していることを捉えるようにする。また，肺から心臓に戻る血液には，酸素が多く含まれ，全身から心臓に戻る血液には，二酸化炭素が多く含まれることを捉えるようにする。その際，人や他の動物は心臓の拍動数と脈拍数が関係することから，心臓の動きと血液の流れが関係していることに触れるようにする。

(ｴ) 人や他の動物の体内の臓器に着目して，呼吸，消化，吸収，排出などと臓器との関係を多面的に調べる。これらの活動を通して，個々の臓器と生命を維持する働きとの関係について，より妥当な考えをつくりだし，表現するとともに，呼吸には肺が関係し，消化，吸収には主に胃，小腸，大腸，肝臓が関係し，排出には腎臓が関係し，血液の循環には心臓が関係していることを捉えるようにするとともに，それらが相互に働き合って生命が維持されていることを捉えるようにする。また，これらの臓器の名称とととともに，体内における位置を捉えるようにする。

　ここで扱う対象としては，人の体を中心とし，呼気や吸気を調べる活動では指

示薬や気体検知管，気体センサーなどによる酸素や二酸化炭素の測定が，消化を調べる活動ではヨウ素液によるヨウ素デンプン反応などが考えられる。また，他の動物としては，呼吸の状態などが調べられる身近で安全な哺乳類や魚類が考えられる。体のつくりの観察については魚の解剖や標本などの活用が考えられ，その際，事前にその意義を十分説明するよう留意する。

ここでの指導に当たっては，人や他の動物の体のつくりや働きについて，個々の臓器の働きといった部分で見たり，生命を維持する働きという全体で見たりすることや，人と他の動物の体のつくりと働きを比較しながら調べることで，理解を深めるようにする。その際，映像や模型，図書，コンピュータシミュレーションなどを活用して調べたり，調べたことを図や表などに整理して伝え合ったりするなど，人や他の動物の体のつくりや働きについて考えたり，説明したりする学習活動の充実を図るようにする。

(2) 植物の養分と水の通り道

> 植物について，その体のつくり，体内の水などの行方及び葉で養分をつくる働きに着目して，生命を維持する働きを多面的に調べる活動を通して，次の事項を身に付けることができるよう指導する。
> ア　次のことを理解するとともに，観察，実験などに関する技能を身に付けること。
> 　(ｱ)　植物の葉に日光が当たるとでんぷんができること。
> 　(ｲ)　根，茎及び葉には，水の通り道があり，根から吸い上げられた水は主に葉から蒸散により排出されること。
> イ　植物の体のつくりと働きについて追究する中で，体のつくり，体内の水などの行方及び葉で養分をつくる働きについて，より妥当な考えをつくりだし，表現すること。

本内容は，第3学年「B(1)身の回りの生物」の学習を踏まえて，「生命」についての基本的な概念等を柱とした内容のうちの「生物の構造と機能」に関わるものであり，中学校第2分野「(3)ア(ｲ)植物の体のつくりと働き」の学習につながるものである。

ここでは，児童が，植物の体のつくりと体内の水などの行方や葉で養分をつくる働きに着目して，生命を維持する働きを多面的に調べる活動を通して，植物の体のつくりと働きについての理解を図り，観察，実験などに関する技能を身に付けるとともに，主により妥当な考えをつくりだす力や生命を尊重する態度，主体

的に問題解決しようとする態度を育成することがねらいである。

(ア) 植物の体のつくりと葉で養分をつくる働きに着目して，葉の中のでんぷんの存在を多面的に調べる。これらの活動を通して，日光と葉の中のでんぷんのでき方との関係について，より妥当な考えをつくりだすとともに，葉の中のでんぷんの存在から，植物が日光に当たると自らでんぷんをつくりだしていることを捉えるようにする。その際，日光が当たっている何枚かの葉で，アルミニウム箔などを被せて遮光した葉と遮光しない葉を用いて，希釈したヨウ素液などを使用して，葉の中のでんぷんの存在を比較しながら調べるなどの方法が考えられる。

(イ) 植物の体のつくりと体内の水などの行方に着目して，植物の体内での水の通り道を多面的に調べる。これらの活動を通して，植物の体内での水の行方について，より妥当な考えをつくりだし，表現するとともに，植物の根，茎及び葉には水の通り道があり，すみずみまで水が行きわたっていることや，根から吸い上げられた水は主に葉から蒸散により水蒸気として排出されていることを捉えるようにする。その際，植物に着色した水を吸わせ，茎や葉などを切ってその体の内部のつくりを観察したり，何枚かの葉に透明な袋で覆いをして袋に付く水の量を観察したりすることなどが考えられる。蒸散により排出される水の量を調べる際には，気温が高い晴れの日を選ぶようにする。ここで扱う対象としては，葉ででんぷんがつくられる植物を扱う。

ここでの指導に当たっては，児童の理解の充実を図るために，観察，実験とともに，映像や模型，その他の資料を活用することが考えられる。

(3) 生物と環境

> 生物と環境について，動物や植物の生活を観察したり資料を活用したりする中で，生物と環境との関わりに着目して，それらを多面的に調べる活動を通して，次の事項を身に付けることができるよう指導する。
> ア 次のことを理解するとともに，観察，実験などに関する技能を身に付けること。
> 　(ア) 生物は，水及び空気を通して周囲の環境と関わって生きていること。
> 　(イ) 生物の間には，食う食われるという関係があること。
> 　(ウ) 人は，環境と関わり，工夫して生活していること。
> イ 生物と環境について追究する中で，生物と環境との関わりについて，より妥当な考えをつくりだし，表現すること。

（内容の取扱い）

> (4) 内容の「B生命・地球」の(3)については，次のとおり取り扱うものとする。
> ア アの(ｱ)については，水が循環していることにも触れること。
> イ アの(ｲ)については，水中の小さな生物を観察し，それらが魚などの食べ物になっていることに触れること。

　本内容は，第4学年「B(2)季節と生物」の学習を踏まえて，「生命」についての基本的な概念等を柱とした内容のうちの「生物と環境の関わり」に関わるものであり，中学校第2分野「(7)ア(ｱ)生物と環境」の学習につながるものである。
　ここでは，児童が，生物と水，空気及び食べ物との関わりに着目して，それらを多面的に調べる活動を通して，生物と持続可能な環境との関わりについて理解を図り，観察，実験などに関する技能を身に付けるとともに，主により妥当な考えをつくりだす力や生命を尊重する態度，主体的に問題解決しようとする態度を育成することがねらいである。

(ｱ) 動物は，水及び空気がないと生きていくことができないことや，植物は水が不足すると枯れてしまうことなどから，生物と水及び空気との関わりに着目して，それらを多面的に調べる。これらの活動を通して，生物と周囲の環境との関わりについて，より妥当な考えをつくりだし，表現するとともに，生物は水及び空気を通して周囲の環境と関わって生きていることを捉えるようにする。その際，地球上の水は，海や川などから蒸発し，水蒸気や雲となり，雨となるなど循環していることに触れるようにする。また，生物は酸素を吸って二酸化炭素をはき出しているが，植物は光が当たると二酸化炭素を取り入れて酸素を出すなど，生物が空気を通して周囲の環境と関わって生きていることを捉えるようにする。

(ｲ) 様々な動物の食べ物に着目して，生物同士の関わりを多面的に調べる。これらの活動を通して，生物同士の関わりについて，より妥当な考えをつくりだし，表現するとともに，植物を食べている動物がいることや，その動物も他の動物に食べられることがあること，生物には食う食われるという関係があるということを捉えるようにする。その際，池や川などの水を採取し，顕微鏡などを使って，水中の小さな生物を観察することにより，魚が，水中にいる小さな生物を食べて生きていることに触れるようにする。

(ｳ) 人の生活について，環境との関わり方の工夫に着目して，持続可能な環境との関わり方を多面的に調べる。これらの活動を通して，人と環境との関わ

りについて，より妥当な考えをつくりだし，表現するとともに，人は，環境と関わり，工夫して生活していることを捉えるようにする。その際，人の生活が環境に及ぼす影響を少なくする工夫や，環境から人の生活へ及ぼす影響を少なくする工夫，よりよい関係をつくりだす工夫など，人と環境との関わり方の工夫について考えるようにする。

　ここで扱う対象としては，(ｱ)については，例えば，植物が酸素を出しているかを調べるために，気体検知管や気体センサーなどを活用して，酸素や二酸化炭素の検出を行うことが考えられる。また，地球上の水や空気の存在を想起するなど，生物と環境との関わりについて考察することが考えられる。(ｲ)については，例えば，植物体を食べる身近な動物として，昆虫や草食性の哺乳類などを扱うとともに，動物を食べる動物として，肉食性の哺乳類や節足動物などを扱うようにし，食べ物を通した関わりについて考察するようにする。(ｳ)については，例えば，科学技術を活用して水や空気など周囲の環境に与える影響を少なくする工夫や，情報を活用して環境の変化を事前に予測し受ける影響を少なくする工夫，また，人が自然に働きかけることでよりよい関係をつくりだす工夫について扱うことが考えられる。

　ここでの指導に当たっては，観察，実験が行いにくい活動については，児童の理解の充実を図るために，映像や模型，図書などの資料を活用することが考えられる。(ｱ)については，水の循環や酸素，二酸化炭素の出入りを図で表現するなど，生物と環境との関わりについて考えたり，説明したりする活動の充実を図るようにする。(ｲ)については，植物は自らでんぷんをつくりだしているが，人や他の動物は植物あるいは動物を食べていることから，食べ物を通して生物が関わり合って生きていることを整理し，相互の関係付けを図って理解できるようにする。水中の小さな生物を観察する際には，顕微鏡などの観察器具を適切に操作できるように指導する。(ｳ)については，これまでの理科の学習を踏まえて，自分が環境とよりよく関わっていくためにはどのようにすればよいか，日常生活に当てはめて考察するなど，持続可能な社会の構築という観点で扱うようにする。

(4) 土地のつくりと変化

　土地のつくりと変化について，土地やその中に含まれる物に着目して，土地のつくりやでき方を多面的に調べる活動を通して，次の事項を身に付けることができるよう指導する。

　ア　次のことを理解するとともに，観察，実験などに関する技能を身に付けること。

> (ア) 土地は，礫（れき），砂，泥，火山灰などからできており，層をつくって
>   広がっているものがあること。また，層には化石が含まれているも
>   のがあること。
> (イ) 地層は，流れる水の働きや火山の噴火によってできること。
> (ウ) 土地は，火山の噴火や地震によって変化すること。
> イ　土地のつくりと変化について追究する中で，土地のつくりやでき方
>   について，より妥当な考えをつくりだし，表現すること。

（内容の取扱い）

> (5) 内容の「B生命・地球」の(4)については，次のとおり取り扱うも
>   のとする。
>   ア　アの(イ)については，流れる水の働きでできた岩石として礫岩（れき），
>   砂岩，泥岩を扱うこと。
>   イ　アの(ウ)については，自然災害についても触れること。

　本内容は，第4学年「B(3)雨水の行方と地面の様子」，第5学年「B(3)流れる水の働きと土地の変化」の学習を踏まえて，「地球」についての基本的な概念等を柱とした内容のうちの「地球の内部と地表面の変動」に関わるものであり，中学校第2分野「(2)大地の成り立ちと変化」の学習につながるものである。

　ここでは，児童が，土地やその中に含まれている物に着目して，土地のつくりやでき方を多面的に調べる活動を通して，土地のつくりや変化についての理解を図り，観察，実験などに関する技能を身に付けるとともに，主により妥当な考えをつくりだす力や主体的に問題解決しようとする態度を育成することがねらいである。

(ア) 崖や切り通しなどで土地やその中に含まれる物に着目して，土地のつくりを多面的に調べる。これらの活動を通して，土地のつくりについて，より妥当な考えをつくりだし，表現するとともに，土地は，礫（れき），砂，泥，火山灰などからできており，幾重にも層状に重なり地層をつくって広がっているものがあることを捉えるようにする。また，地層には化石が含まれているものがあることや，礫（れき），砂，泥については，粒の大きさに違いがあることを捉えるようにする。その際，複数の地点の地層のつくりを層の構成物の粒の大きさや形，色を相互に関係付けて調べ，地層の重なりや広がりを捉えるようにする。なお，土地の構成物を調べる際には，例えば，地質ボーリングの資料を利用することが考えられる。

(イ) 土地やその中に含まれる物に着目して，粒の大きさや形や色などの特徴から，土地のでき方を多面的に調べる。これらの活動を通して，地層ができた要因について，より妥当な考えをつくりだし，表現するとともに，地層は，流れる水の働きや火山の噴火によってできることを捉えるようにする。その際，地層の中に含まれる丸みを帯びた礫(れき)や砂などから，流れる水の働きによってつくられた地層であることを捉えるようにする。また，流れる水の働きでできた岩石として礫岩(れき)，砂岩，泥岩を扱うこととする。一方，火山灰や多くの穴をもつ石が地層の中に含まれていることなどから，火山の噴火によってつくられた地層もあることを捉えるようにする。

(ウ) 土地の様子に着目して，火山の活動や地震による土地の変化を多面的に調べる。これらの活動を通して，土地のつくりやでき方について，より妥当な考えをつくりだし，表現するとともに，土地は，火山の噴火や地震によって変化することを捉えるようにする。その際，火山の噴火によって，溶岩が流れ出したり，火山灰が噴き出したりして変化した土地の様子や，大きな地震によって地割れが生じたり断層が地表に現れたり崖が崩れたりした様子を調べることが考えられる。

ここでの指導に当たっては，児童が土地のつくりや変化について実際に地層を観察する機会をもつようにするとともに，映像，模型，標本などの資料を活用し，土地を構成物といった部分で見たり，地層のつくりや広がりといった全体で見たりすることで，理解を深めるようにする。また，遠足や移動教室などあらゆる機会を生かすとともに，博物館や資料館などの社会教育施設を活用することが考えられる。さらに，地層のつくりや，地層が流れる水の働きによってできる場合があることを捉えるために，第4学年「B (3) 雨水の行方と地面の様子」，第5学年「B (3) 流れる水の働きと土地の変化」の学習との関連を図るようにする。

日常生活との関連としては，火山の噴火や地震がもたらす自然災害に触れるようにする。その際，映像，図書などの資料を基に調べ，過去に起こった火山の活動や大きな地震によって土地が変化したことや将来にも起こる可能性があることを捉えるようにする。

なお，土地の観察に当たっては，それぞれの地域に応じた指導を工夫するようにするとともに，野外観察においては安全を第一に考え，事故防止に配慮するように指導する。また，岩石サンプルを採る際には，保護眼鏡を使用するなど，安全に配慮するように指導する。

(5) 月と太陽

> 　月の形の見え方について，月と太陽の位置に着目して，それらの位置関係を多面的に調べる活動を通して，次の事項を身に付けることができるよう指導する。
> 　ア　次のことを理解するとともに，観察，実験などに関する技能を身に付けること。
> 　　(ア)　月の輝いている側に太陽があること。また，月の形の見え方は，太陽と月との位置関係によって変わること。
> 　イ　月の形の見え方について追究する中で，月の位置や形と太陽の位置との関係について，より妥当な考えをつくりだし，表現すること。

（内容の取扱い）

> 　(6)　内容の「B生命・地球」の(5)のアの(ア)については，地球から見た太陽と月との位置関係で扱うものとする。

　本内容は，第4学年「B(5)月と星」の学習を踏まえて，「地球」についての基本的な概念等を柱とした内容のうちの「地球と天体の運動」に関わるものであり，中学校第2分野「(6)地球と宇宙」の学習につながるものである。

　ここでは，児童が，月と太陽の位置に着目して，これらの位置関係を多面的に調べる活動を通して，月の形の見え方と月と太陽の位置関係についての理解を図り，観察，実験などに関する技能を身に付けるとともに，主により妥当な考えをつくりだす力や主体的に問題解決しようとする態度を育成することがねらいである。

　(ア)　月と太陽の位置に着目して，月の形の見え方と太陽の位置関係を実際に観察したり，モデルや図で表したりして多面的に調べる。これらの活動を通して，月の形の見え方について，より妥当な考えをつくりだすとともに，月は，日によって形が変わって見え，月の輝いている側に太陽があることや，月の形の見え方は太陽と月との位置関係によって変わることを捉えるようにする。ただし，地球から見た太陽と月の位置関係で扱うものとし，地球の外から月や太陽の位置関係を捉えることについては，中学校第2分野「(6)地球と宇宙」で扱う。

　ここで扱う対象としては，太陽が沈んでから見える月の他に，昼間に観察できる月も考えられる。また，月を観察する際には，クレーターなど，表面の様子に

も目を向けて，月に対する興味・関心を高めるようにする。

　ここでの指導に当たっては，実際に観察した月の形の見え方を，モデルや図によって表現するなど，月の位置や形と太陽の位置との関係について考えたり，説明したりする活動の充実を図るようにするとともに，数日後の月の見え方を予測する活動が考えられる。また，児童の天体に対する興味・関心を高め，理解を深めるために，移動教室や宿泊を伴う学習の機会を生かすとともに，プラネタリウムなどを活用することが考えられる。

　なお，夜間の観察の際には，安全を第一に考え，事故防止に配慮するように指導する。また，昼間の月を観察し，太陽の位置を確認する際には，太陽を直接見ないようにするなど，安全に配慮するように指導する。

第4章　指導計画の作成と内容の取扱い

●1　指導計画作成上の配慮事項

　指導計画の作成に当たっては，第2章第4節理科「第1　目標」及び「第2　各学年の目標及び内容」に照らして，各学年の目標や内容のねらいが十分達成できるように次の事項に配慮する。

(1) 主体的・対話的で深い学びの実現に向けた授業改善

> (1) 単元など内容や時間のまとまりを見通して，その中で育む資質・能力の育成に向けて，児童の主体的・対話的で深い学びの実現を図るようにすること。その際，理科の学習過程の特質を踏まえ，理科の見方・考え方を働かせ，見通しをもって観察，実験を行うことなどの，問題を科学的に解決しようとする学習活動の充実を図ること。

　この事項は，理科の指導計画の作成に当たり，児童の主体的・対話的で深い学びの実現を目指した授業改善を進めることとし，理科の特質に応じて，効果的な学習が展開できるように配慮すべき内容を示したものである。

　理科の指導に当たっては，(1)「知識及び技能」が習得されること，(2)「思考力，判断力，表現力等」を育成すること，(3)「学びに向かう力，人間性等」を涵養することが偏りなく実現されるよう，単元など内容や時間のまとまりを見通しながら，主体的・対話的で深い学びの実現に向けた授業改善を行うことが重要である。

　児童に理科の指導を通して「知識及び技能」や「思考力，判断力，表現力等」の育成を目指す授業改善を行うことはこれまでも多くの実践が重ねられてきている。そのような着実に取り組まれてきた実践を否定し，全く異なる指導方法を導入しなければならないと捉えるのではなく，児童や学校の実態，指導の内容に応じ，「主体的な学び」，「対話的な学び」，「深い学び」の視点から授業改善を図ることが重要である。

　「主体的・対話的で深い学び」は，必ずしも1単位時間の授業の中で全てが実現されるものではない。単元など内容や時間のまとまりの中で，例えば，主体的に学習に取り組めるよう学習の見通しを立てたり学習したことを振り返ったりして自身の学びや変容を自覚できる場面をどこに設定するか，対話によって自分の考えなどを広げたり深めたりする場面をどこに設定するか，学びの深まりをつく

りだすために，児童が考える場面と教師が教える場面をどのように組み立てるか，といった視点で授業改善を進めることが求められる。また，児童や学校の実態に応じ，多様な学習活動を組み合わせて授業を組み立てていくことが重要であり，単元のまとまりを見通した学習を行うに当たり基礎となる知識及び技能の習得に課題が見られる場合には，それを身に付けるために，児童の主体性を引き出すなどの工夫を重ね，確実な習得を図ることが必要である。主体的・対話的で深い学びの実現に向けた授業改善を進めるに当たり，特に「深い学び」の視点に関して，各教科等の学びの深まりの鍵となるのが「見方・考え方」である。各教科等の特質に応じた物事を捉える視点や考え方である「見方・考え方」を，習得・活用・探究という学びの過程の中で働かせることを通じて，より質の高い深い学びにつなげることが重要である。

　理科においては，「理科の見方・考え方」を働かせ，見通しをもって観察，実験を行うことなどの問題解決の活動を通して，「主体的・対話的で深い学び」の実現を図るようにすることが重要である。

　「主体的な学び」については，例えば，自然の事物・現象から問題を見いだし，見通しをもって観察，実験などを行っているか，観察，実験の結果を基に考察を行い，より妥当な考えをつくりだしているか，自らの学習活動を振り返って意味付けたり，得られた知識や技能を基に，次の問題を発見したり，新たな視点で自然の事物・現象を捉えようとしたりしているかなどの視点から，授業改善を図ることが考えられる。

　「対話的な学び」については，例えば，問題の設定や検証計画の立案，観察，実験の結果の処理，考察の場面などでは，あらかじめ個人で考え，その後，意見交換したり，根拠を基にして議論したりして，自分の考えをより妥当なものにする学習となっているかなどの視点から，授業改善を図ることが考えられる。

　「深い学び」については，例えば，「理科の見方・考え方」を働かせながら問題解決の過程を通して学ぶことにより，理科で育成を目指す資質・能力を獲得するようになっているか，様々な知識がつながって，より科学的な概念を形成することに向かっているか，さらに，新たに獲得した資質・能力に基づいた「理科の見方・考え方」を，次の学習や日常生活などにおける問題発見・解決の場面で働かせているかなどの視点から，授業改善を図ることが考えられる。

　以上のような授業改善の視点を踏まえ，理科で育成を目指す資質・能力及びその評価の観点との関係も十分に考慮し，指導計画等を作成することが必要である。

(2) 問題解決の力の育成

> (2) 各学年で育成を目指す思考力，判断力，表現力等については，該当学年において育成することを目指す力のうち，主なものを示したものであり，実際の指導に当たっては，他の学年で掲げている力の育成についても十分に配慮すること。

　児童が自然の事物・現象に親しむ中で興味・関心をもち，そこから問題を見いだし，予想や仮説を基に観察，実験などを行い，結果を整理し，その結果を基に結論を導きだすといった問題解決の過程の中で，問題解決の力が育成される。小学校では，学年を通して育成を目指す問題解決の力が示されている。

　小学校理科では，第3学年では，主に差異点や共通点を基に，問題を見いだす力が，第4学年では，主に既習の内容や生活経験を基に，根拠のある予想や仮説を発想する力が，第5学年では，主に予想や仮説を基に，解決の方法を発想する力が，第6学年では，主により妥当な考えをつくりだす力が問題解決の力として示されている。

　これらの問題解決の力は，その学年で中心的に育成するものであるが，該当学年で示した問題解決の力を該当学年のみで育成を目指すものではなく，4年間を通して，これらの問題解決の力を意図的・計画的に育成することを目指すものである。したがって，実際の指導に当たっては，他の学年で掲げている問題解決の力の育成についても十分に配慮する必要がある。

(3) 障害のある児童への指導

> (3) 障害のある児童などについては，学習活動を行う場合に生じる困難さに応じた指導内容や指導方法の工夫を計画的，組織的に行うこと。

　障害者の権利に関する条約に掲げられたインクルーシブ教育システムの構築を目指し，児童の自立と社会参加を一層推進していくためには，通常の学級，通級による指導，特別支援学級，特別支援学校において，児童の十分な学びを確保し，一人一人の児童の障害の状態や発達の段階に応じた指導や支援を一層充実させていく必要がある。

　通常の学級においても，発達障害を含む障害のある児童が在籍している可能性があることを前提に，全ての教科等において，一人一人の教育的ニーズに応じたきめ細かな指導や支援ができるよう，障害種別の指導の工夫のみならず，各教科

等の学びの過程において考えられる困難さに対する指導の工夫の意図，手立てを明確にすることが重要である。

　これを踏まえ，今回の改訂では，障害のある児童などの指導に当たっては，個々の児童によって，見えにくさ，聞こえにくさ，道具の操作の困難さ，移動上の制約，健康面や安全面での制約，発音のしにくさ，心理的な不安定，人間関係形成の困難さ，読み書きや計算等の困難さ，注意の集中を持続することが苦手であることなど，学習活動を行う場合に生じる困難さが異なることに留意し，個々の児童の困難さに応じた指導内容や指導方法を工夫することを，各教科等において示している。

　その際，理科の目標や内容の趣旨，学習活動のねらいを踏まえ，学習内容の変更や学習活動の代替を安易に行うことがないよう留意するとともに，児童の学習負担や心理面にも配慮する必要がある。

　例えば，理科における配慮として，実験を行う活動において，実験の手順や方法を理解することが困難であったり，見通しがもてなかったりして，学習活動に参加することが難しい場合には，学習の見通しがもてるよう，実験の目的を明示したり，実験の手順や方法を視覚的に表したプリント等を掲示したり，配付したりするなどの配慮が考えられる。また，燃焼実験のように危険を伴う学習活動において，危険に気付きにくい場合には，教師が確実に様子を把握できる場所で活動できるようにするなどの配慮が考えられる。さらには，自然の事物・現象を観察する活動において，時間をかけて観察をすることが難しい場合には，観察するポイントを示したり，ICT教材を活用したりするなどの配慮が考えられる。

　なお，学校においては，こうした点を踏まえ，個別の指導計画を作成し，必要な配慮を記載し，翌年度の担任等に引き継ぐことなどが必要である。

(4) 道徳科などとの関連

> (4) 第1章総則の第1の2の(2)に示す道徳教育の目標に基づき，道徳科などとの関連を考慮しながら，第3章特別の教科道徳の第2に示す内容について，理科の特質に応じて適切な指導をすること。

　理科の指導においては，その特質に応じて，道徳について適切に指導する必要があることを示すものである。

　第1章総則第1の2(2)においては，「学校における道徳教育は，特別の教科である道徳（以下「道徳科」という。）を要として学校の教育活動全体を通じて行うものであり，道徳科はもとより，各教科，外国語活動，総合的な学習の時間及

び特別活動のそれぞれの特質に応じて，児童の発達の段階を考慮して，適切な指導を行うこと」と規定されている。

理科における道徳教育の指導においては，学習活動や学習態度への配慮，教師の態度や行動による感化とともに，以下に示すような理科と道徳教育との関連を明確に意識しながら，適切な指導を行う必要がある。

理科においては，目標を「自然に親しみ，理科の見方・考え方を働かせ，見通しをもって観察，実験を行うことなどを通して，自然の事物・現象についての問題を科学的に解決するために必要な資質・能力を次のとおり育成することを目指す。(1) 自然の事物・現象についての理解を図り，観察，実験などに関する基本的な技能を身に付けるようにする。(2) 観察，実験などを行い，問題解決の力を養う。(3) 自然を愛する心情や主体的に問題解決しようとする態度を養う。」と示している。

栽培や飼育などの体験活動を通して自然を愛する心情を育てることは，生命を尊重し，自然環境の保全に寄与する態度の育成につながるものである。また，見通しをもって観察，実験を行うことや，問題解決の力を育てることは，道徳的判断力や真理を大切にしようとする態度の育成にも資するものである。

次に，道徳教育の要としての特別の教科である道徳科の指導との関連を考慮する必要がある。理科で扱った内容や教材の中で適切なものを，道徳科に活用することが効果的な場合もある。また，道徳科で取り上げたことに関係のある内容や教材を理科で扱う場合には，道徳科における指導の成果を生かすように工夫することも考えられる。そのためにも，理科の年間指導計画の作成などに際して，道徳教育の全体計画との関連，指導の内容及び時期等に配慮し，両者が相互に効果を高め合うようにすることが大切である。

●2　内容の取扱いについての配慮事項

各内容の指導に当たっては，第2章第4節理科「第1　目標」及び「第2　各学年の目標及び内容」に照らして，各学年の目標や内容のねらいが十分達成できるように次の事項に配慮する。

(1) 言語活動の充実

> (1) 問題を見いだし，予想や仮説，観察，実験などの方法について考えたり説明したりする学習活動，観察，実験の結果を整理し考察する学習活動，科学的な言葉や概念を使用して考えたり説明したりする学習

> 活動などを重視することによって,言語活動が充実するようにすること。

　理科の学習においては,問題を見いだし,予想や仮説,観察,実験などの方法について考えたり説明したりする学習活動,観察,実験の結果を整理し考察する学習活動,科学的な言葉や概念を使用して考えたり説明したりする学習活動などを充実させることにより,思考力,判断力,表現力等の育成を図ることが大切である。自然の事物・現象から問題を見いだし,根拠のある予想や仮説を発想したり,その予想や仮説を基に,解決の方法を考えたりすることにより,見通しをもった問題解決の活動が充実する。また,自らの観察記録や実験データを表に整理したりグラフに処理したりすることにより,考察を充実させることができる。さらに,これらの表やグラフなどを活用しつつ科学的な言葉や概念を使用して考えたり説明したりするなどの学習活動により,考察を深めることができる。このような学習活動が,学級の中のグループや学級全体での話合いの中で行われ,繰り返されることにより言語活動が充実し,思考力,判断力,表現力等の資質・能力が育成されるように指導することが重要である。

(2) コンピュータや情報通信ネットワークなどの活用

> (2) 観察,実験などの指導に当たっては,指導内容に応じてコンピュータや情報通信ネットワークなどを適切に活用できるようにすること。また,第1章総則の第3の1の(3)のイに掲げるプログラミングを体験しながら論理的思考力を身に付けるための学習活動を行う場合には,児童の負担に配慮しつつ,例えば第2の各学年の内容の〔第6学年〕の「A物質・エネルギー」の(4)における電気の性質や働きを利用した道具があることを捉える学習など,与えた条件に応じて動作していることを考察し,更に条件を変えることにより,動作が変化することについて考える場面で取り扱うものとする。

　観察,実験などの指導に当たっては,直接体験が基本であるが,指導内容に応じて,適宜コンピュータや情報通信ネットワークなどを適切に活用することによって学習の一層の充実を図ることができる。
　コンピュータや視聴覚機器などで扱われる映像などの情報については,それぞれの特性をよく理解し,活用することが大切である。また,学習を深めていく過程で,児童が相互に情報を交換したり,説明したりする手段として,コンピュー

タをはじめとする様々な視聴覚機器を活用することが考えられる。これらの機器の特性を踏まえて効果的に活用することにより，理科において育成を目指す資質・能力の実現を図ることができると考えられる。なお，これらの機器を活用する場合は，その操作について適切な指導を心掛けることが必要である。

「プログラミングを体験しながら論理的思考力を身に付けるための学習活動」については，第１章総則第３の１(3)イに掲げられているとおり，小学校段階において体験し，その意義を理解することが求められている。そこでは，意図した処理を行うよう指示することができるといった体験を通して，身近な生活でコンピュータが活用されていることや，問題の解決には必要な手順があることに気付くことを重視している。

理科において，これらの活動を行う場合には，児童への負担に配慮しながら，学習上の必要性や学習内容との関連付けを考えて，プログラミング教育を行う単元を位置付けることが大切である。視聴覚機器の有効活用といった観点と同様に，プログラミングの特性を踏まえて，効果的に取り入れることにより，学習内容と日常生活や社会との関連を重視した学習活動や，自然の事物・現象から見いだした問題を一連の問題解決の活動を意識しながら論理的に解決していく学習活動などが充実すると考えられる。

(3) 体験的な学習活動の充実

> (3) 生物，天気，川，土地などの指導に当たっては，野外に出掛け地域の自然に親しむ活動や体験的な活動を多く取り入れるとともに，生命を尊重し，自然環境の保全に寄与する態度を養うようにすること。

理科の学習においては，自然に直接関わることが重要である。こうした直接体験を充実するために，それぞれの地域で自然の事物・現象を教材化し，これらの積極的な活用を図ることが求められる。中でも，生物，天気，川，土地，天体などの学習においては，学習の対象とする教材に地域差があることを考慮し，その地域の実情に応じて適切に教材を選び，児童が主体的な問題解決の活動ができるように指導の工夫改善を図ることが重要である。

野外での学習活動では，自然の事物・現象を断片的に捉えるのではなく，これらの相互の関係を一体的に捉えるようにすることが大切である。そのことが，自然を愛する心情や態度などを養うことにもつながる。また，野外に出掛け，地域の自然に直接触れることは，学習したことを実際の生活環境と結び付けて考えるよい機会になるとともに，自分の生活している地域を見直し理解を深め，地域の

自然への関心を高めることにもなりうる。

　生物の飼育，栽培活動において，野外で生物を採取する場合には，必要最小限にとどめるなど，生態系の維持に配慮するとともに，生物の体のつくりと働きの精妙さを認識し，生物を愛護しようとする態度を養うことができるようにする。

　こうした体験は，生命を尊重し，自然環境の保全に寄与する態度の育成につながるものであり，持続可能な社会で重視される環境教育の基盤になるものといえる。また，野外での活動に限らず，学校に飼育舎やビオトープなどを設置し，その活用の充実を図る工夫が考えられる。

　さらに，地域教材を扱う理科の学習では，できるだけ地域の自然と触れ合える野外での学習活動を取り入れるとともに，遠足や野外体験教室，臨海学校などの自然に触れ合う体験活動を積極的に活用することが重要である。

(4) 自然災害との関連

> (4) 天気，川，土地などの指導に当たっては，災害に関する基礎的な理解が図られるようにすること。

　自然の事物・現象の働きなどが，短い期間や限られた空間で起こると，異常な自然現象が発生することがある。このことが原因となって，人間との関係で大きな被害をもたらしてしまうことがあり，これが自然災害となる。理科においては，自然の事物・現象の働きや規則性などを理解することが大切であり，そのことが自然災害に適切に対応することにつながると考える。

　理科においては，第5学年「B (3) 流れる水の働きと土地の変化」，「B (4) 天気の変化」，第6学年「B (4) 土地のつくりと変化」において，自然災害について触れることになるが，ここでは，自然災害との関連を図りながら，学習内容の理解を深めることが重要である。また，第4学年「B (3) 雨水の行方と地面の様子」において，自然災害との関連を図ることが考えられる。

(5) 主体的な問題解決の活動の充実，日常生活や他教科等との関連など

> (5) 個々の児童が主体的に問題解決の活動を進めるとともに，日常生活や他教科等との関連を図った学習活動，目的を設定し，計測して制御するという考え方に基づいた学習活動が充実するようにすること。

　主体的な問題解決の活動とは，一連の問題解決の活動を，児童自らが行おうと

することである。理科の学習において、問題解決はこれまでも重視されてきたことであるが、今回の改訂において、小学校理科で育成を目指す資質・能力を育む観点から、自然に親しみ、見通しをもって観察、実験などを行い、その結果を基に考察し、結論を導きだすなどの問題解決の活動の、より一層の充実を図ることが大切である。

そこで、主体的な問題解決の活動を進めるために、教師は児童がこれまでにもっていた考えでは説明できない自然の事物・現象を提示するなど、児童自らが自然の事物・現象に興味・関心をもち、問題を見いだす状況をつくる工夫が必要である。また、問題解決に対する見通しを明確に意識させるとともに、多様な学習形態を取り入れて児童相互の情報交換も適宜行い、児童自らが問題解決を行うことができる状況をつくることが必要である。

また、児童が主体的に問題解決の活動を行う中で、既習の内容や生活経験を基に、根拠のある予想や仮説を発想したり、学習の成果を日常生活との関わりの中で捉え直したり、他教科等で学習した内容と関連付けて考えたりすることで、学習内容を深く理解することができるようになる。さらには、学習したことを日常生活との関わりの中で捉え直すことで、理科を学習することの有用性を感じることができ、学習に対する意欲も増進する。そのため教師は、各教科等の内容について「カリキュラム・マネジメント」を通じての相互の関連付けや横断を図り、必要な教育内容を組織的に配列し、関係する教科等の内容と往還できるようにすることが大切である。

さらに、目的を設定し、計測して制御するといった考え方に基づいた学習活動については、まず、観察、実験などにおいて、その目的を明確に意識することにより、観察、実験の結果を見直し、再度観察、実験を行ったり、解決方法の修正をしたりするといった学習活動の充実を図ることが考えられる。また、ものづくりの活動を充実させることが考えられる。これまでのものづくりの活動は、その活動を通して解決したい問題を見いだすことや、学習を通して得た知識を活用して、理解を深めることを主なねらいとしてきた。今回、学んだことの意義を実感できるような学習活動の充実を図る観点から、児童が明確な目的を設定し、その目的を達成するためにものづくりを行い、設定した目的を達成できているかを振り返り、修正するといったものづくりの活動の充実を図ることが考えられる。

(6) 博物館や科学学習センターなどとの連携

> (6) 博物館や科学学習センターなどと連携、協力を図りながら、それらを積極的に活用すること。

理科の学習を効果的に行い，学習内容の深い理解を図るために，それぞれの地域にある博物館や科学学習センター，植物園，動物園，水族館，プラネタリウムなどの施設や設備を活用することが考えられる。これらの施設や設備は，学校では体験することが困難な自然や科学に関する豊富な情報を提供してくれる貴重な存在である。これらの施設や設備の活用に際しては，適切に指導計画に位置付けるとともに，実地踏査や学芸員などとの事前の打合せなどを行い，育成を目指す資質・能力を共有し，指導の充実を図ることが大切である。また，最近では学校教育に対して積極的に支援を行っている大学や研究機関，企業などもあり，これらと連携，協力することにより，学習活動を更に充実させていくことが考えられる。

3 事故防止，薬品などの管理

> 　観察，実験などの指導に当たっては，事故防止に十分留意すること。また，環境整備に十分配慮するとともに，使用薬品についても適切な措置をとるよう配慮すること。

　観察，実験などの指導に当たっては，予備実験を行い，安全上の配慮事項を具体的に確認した上で，事故が起きないように児童に指導することが重要である。

　安全管理という観点から，加熱，燃焼，気体の発生などの実験，ガラス器具や刃物などの操作，薬品の管理，取扱い，処理などには十分に注意を払うことが求められる。野外での観察，採集，観測などでは事前に現地調査を行い，危険箇所の有無などを十分に確認して，適切な事前指導を行い，事故防止に努めることが必要である。実験は立って行うことや，状況に応じて保護眼鏡を着用するなど，安全への配慮を十分に行うことが必要である。

　また，観察，実験の充実を図る観点から，理科室は，児童が活動しやすいように整理整頓しておくとともに，実験器具等の配置を児童に周知しておくことも大切である。さらには，理科室や教材，器具等の物的環境の整備や人的支援など，長期的な展望の下，計画的に環境を整備していくことが大切である。

　使用薬品などについては，地震や火災などに備えて，法令に従い，厳正に管理する必要がある。特に，塩酸や水酸化ナトリウムなど，毒物及び劇物取締法により，劇物に指定されている薬品は，法に従って適切に取り扱うことが必要である。

付録

目次

- 付録1：学校教育法施行規則（抄）
- 付録2：小学校学習指導要領　第1章　総則
- 付録3：小学校学習指導要領　第2章　第4節　理科
- 付録4：中学校学習指導要領　第2章　第4節　理科
- 付録5：小学校学習指導要領　第3章　特別の教科　道徳
- 付録6：「道徳の内容」の学年段階・学校段階の一覧表
- 付録7：幼稚園教育要領

学校教育法施行規則（抄）

昭和二十二年五月二十三日文部省令第十一号
一部改正：平成二十九年三月三十一日文部科学省令第二十号
平成三十年八月二十七日文部科学省令第二十七号

第四章　小学校

第二節　教育課程

第五十条　小学校の教育課程は，国語，社会，算数，理科，生活，音楽，図画工作，家庭，体育及び外国語の各教科（以下この節において「各教科」という。），特別の教科である道徳，外国語活動，総合的な学習の時間並びに特別活動によって編成するものとする。

2　私立の小学校の教育課程を編成する場合は，前項の規定にかかわらず，宗教を加えることができる。この場合においては，宗教をもつて前項の特別の教科である道徳に代えることができる。

第五十一条　小学校（第五十二条の二第二項に規定する中学校連携型小学校及び第七十九条の九第二項に規定する中学校併設型小学校を除く。）の各学年における各教科，特別の教科である道徳，外国語活動，総合的な学習の時間及び特別活動のそれぞれの授業時数並びに各学年におけるこれらの総授業時数は，別表第一に定める授業時数を標準とする。

第五十二条　小学校の教育課程については，この節に定めるもののほか，教育課程の基準として文部科学大臣が別に公示する小学校学習指導要領によるものとする。

第五十三条　小学校においては，必要がある場合には，一部の各教科について，これらを合わせて授業を行うことができる。

第五十四条　児童が心身の状況によつて履修することが困難な各教科は，その児童の心身の状況に適合するように課さなければならない。

第五十五条　小学校の教育課程に関し，その改善に資する研究を行うため特に必要があり，かつ，児童の教育上適切な配慮がなされていると文部科学大臣が認める場合においては，文部科学大臣が別に定めるところにより，第五十条第一項，第五十一条（中学校連携型小学校にあつては第五十二条の三，第七十九条の九第二項に規定する中学校併設型小学校にあつては第七十九条の十二において準用する第七十九条の五第一項）又は第五十二条の規定によらないことができる。

第五十五条の二　文部科学大臣が，小学校において，当該小学校又は当該小学校が設置されている地域の実態に照らし，より効果的な教育を実施するため，当該小学校又は当該地域の特色を生かした特別の教育課程を編成して教育を実施する必要があり，かつ，当該特別の教育課程について，教育基本法（平成十八年法律第百二十号）及び学校教育法第三十条第一項の規定等に照らして適切であり，児童の教育上適切な配慮がなされているものとして文部科学大臣が定める基準を満たしていると認める場合においては，文部科学大臣が別に定めるところにより，第五十条第一項，第五十一条（中学校連携型小学

校にあつては第五十二条の三,第七十九条の九第二項に規定する中学校併設型小学校にあつては第七十九条の十二において準用する第七十九条の五第一項)又は第五十二条の規定の全部又は一部によらないことができる。

第五十六条　小学校において,学校生活への適応が困難であるため相当の期間小学校を欠席し引き続き欠席すると認められる児童を対象として,その実態に配慮した特別の教育課程を編成して教育を実施する必要があると文部科学大臣が認める場合においては,文部科学大臣が別に定めるところにより,第五十条第一項,第五十一条(中学校連携型小学校にあつては第五十二条の三,第七十九条の九第二項に規定する中学校併設型小学校にあつては第七十九条の十二において準用する第七十九条の五第一項)又は第五十二条の規定によらないことができる。

第五十六条の二　小学校において,日本語に通じない児童のうち,当該児童の日本語を理解し,使用する能力に応じた特別の指導を行う必要があるものを教育する場合には,文部科学大臣が別に定めるところにより,第五十条第一項,第五十一条(中学校連携型小学校にあつては第五十二条の三,第七十九条の九第二項に規定する中学校併設型小学校にあつては第七十九条の十二において準用する第七十九条の五第一項)及び第五十二条の規定にかかわらず,特別の教育課程によることができる。

第五十六条の三　前条の規定により特別の教育課程による場合においては,校長は,児童が設置者の定めるところにより他の小学校,義務教育学校の前期課程又は特別支援学校の小学部において受けた授業を,当該児童の在学する小学校において受けた当該特別の教育課程に係る授業とみなすことができる。

第五十六条の四　小学校において,学齢を経過した者のうち,その者の年齢,経験又は勤労の状況その他の実情に応じた特別の指導を行う必要があるものを夜間その他特別の時間において教育する場合には,文部科学大臣が別に定めるところにより,第五十条第一項,第五十一条(中学校連携型小学校にあつては第五十二条の三,第七十九条の九第二項に規定する中学校併設型小学校にあつては第七十九条の十二において準用する第七十九条の五第一項)及び第五十二条の規定にかかわらず,特別の教育課程によることができる。

第三節　学年及び授業日

第六十一条　公立小学校における休業日は,次のとおりとする。ただし,第三号に掲げる日を除き,当該学校を設置する地方公共団体の教育委員会(公立大学法人の設置する小学校にあつては,当該公立大学法人の理事長。第三号において同じ。)が必要と認める場合は,この限りでない。
　一　国民の祝日に関する法律(昭和二十三年法律第百七十八号)に規定する日
　二　日曜日及び土曜日
　三　学校教育法施行令第二十九条第一項の規定により教育委員会が定める日

第六十二条　私立小学校における学期及び休業日は,当該学校の学則で定める。

第八章　特別支援教育

第百三十四条の二　校長は，特別支援学校に在学する児童等について個別の教育支援計画（学校と医療，保健，福祉，労働等に関する業務を行う関係機関及び民間団体（次項において「関係機関等」という。）との連携の下に行う当該児童等に対する長期的な支援に関する計画をいう。）を作成しなければならない。

2　校長は，前項の規定により個別の教育支援計画を作成するに当たつては，当該児童等又はその保護者の意向を踏まえつつ，あらかじめ，関係機関等と当該児童等の支援に関する必要な情報の共有を図らなければならない。

第百三十八条　小学校，中学校若しくは義務教育学校又は中等教育学校の前期課程における特別支援学級に係る教育課程については，特に必要がある場合は，第五十条第一項（第七十九条の六第一項において準用する場合を含む。），第五十一条，第五十二条（第七十九条の六第一項において準用する場合を含む。），第五十二条の三，第七十二条（第七十九条の六第二項及び第百八条第一項において準用する場合を含む。），第七十三条，第七十四条（第七十九条の六第二項及び第百八条第一項において準用する場合を含む。），第七十四条の三，第七十六条，第七十九条の五（第七十九条の十二において準用する場合を含む。）及び第百七条（第百十七条において準用する場合を含む。）の規定にかかわらず，特別の教育課程によることができる。

第百三十九条の二　第百三十四条の二の規定は，小学校，中学校若しくは義務教育学校又は中等教育学校の前期課程における特別支援学級の児童又は生徒について準用する。

第百四十条　小学校，中学校，義務教育学校，高等学校又は中等教育学校において，次の各号のいずれかに該当する児童又は生徒（特別支援学級の児童及び生徒を除く。）のうち当該障害に応じた特別の指導を行う必要があるものを教育する場合には，文部科学大臣が別に定めるところにより，第五十条第一項（第七十九条の六第一項において準用する場合を含む。），第五十一条，第五十二条（第七十九条の六第一項において準用する場合を含む。），第五十二条の三，第七十二条（第七十九条の六第二項及び第百八条第一項において準用する場合を含む。），第七十三条，第七十四条（第七十九条の六第二項及び第百八条第一項において準用する場合を含む。），第七十四条の三，第七十六条，第七十九条の五（第七十九条の十二において準用する場合を含む。），第八十三条及び第八十四条（第百八条第二項において準用する場合を含む。）並びに第百七条（第百十七条において準用する場合を含む。）の規定にかかわらず，特別の教育課程によることができる。

　一　言語障害者
　二　自閉症者
　三　情緒障害者
　四　弱視者
　五　難聴者

六　学習障害者

七　注意欠陥多動性障害者

八　その他障害のある者で，この条の規定により特別の教育課程による教育を行うことが適当なもの

第百四十一条　前条の規定により特別の教育課程による場合においては，校長は，児童又は生徒が，当該小学校，中学校，義務教育学校，高等学校又は中等教育学校の設置者の定めるところにより他の小学校，中学校，義務教育学校，高等学校，中等教育学校又は特別支援学校の小学部，中学部若しくは高等部において受けた授業を，当該小学校，中学校，義務教育学校，高等学校又は中等教育学校において受けた当該特別の教育課程に係る授業とみなすことができる。

第百四十一条の二　第百三十四条の二の規定は，第百四十条の規定により特別の指導が行われている児童又は生徒について準用する。

附　則（平成二十九年三月三十一日文部科学省令第二十号）

この省令は，平成三十二年四月一日から施行する。

別表第一（第五十一条関係）

区　分		第1学年	第2学年	第3学年	第4学年	第5学年	第6学年
各教科の授業時数	国　語	306	315	245	245	175	175
	社　会			70	90	100	105
	算　数	136	175	175	175	175	175
	理　科			90	105	105	105
	生　活	102	105				
	音　楽	68	70	60	60	50	50
	図画工作	68	70	60	60	50	50
	家　庭					60	55
	体　育	102	105	105	105	90	90
	外国語					70	70
特別の教科である道徳の授業時数		34	35	35	35	35	35
外国語活動の授業時数				35	35		
総合的な学習の時間の授業時数				70	70	70	70
特別活動の授業時数		34	35	35	35	35	35
総授業時数		850	910	980	1015	1015	1015

備考
一　この表の授業時数の一単位時間は，四十五分とする。
二　特別活動の授業時数は，小学校学習指導要領で定める学級活動（学校給食に係るものを除く。）に充てるものとする。
三　第五十条第二項の場合において，特別の教科である道徳のほかに宗教を加えるときは，宗教の授業時数をもつてこの表の特別の教科である道徳の授業時数の一部に代えることができる。（別表第二及び別表第四の場合においても同様とする。）

小学校学習指導要領　第1章　総則

● 第1　小学校教育の基本と教育課程の役割

1　各学校においては，教育基本法及び学校教育法その他の法令並びにこの章以下に示すところに従い，児童の人間として調和のとれた育成を目指し，児童の心身の発達の段階や特性及び学校や地域の実態を十分考慮して，適切な教育課程を編成するものとし，これらに掲げる目標を達成するよう教育を行うものとする。

2　学校の教育活動を進めるに当たっては，各学校において，第3の1に示す主体的・対話的で深い学びの実現に向けた授業改善を通して，創意工夫を生かした特色ある教育活動を展開する中で，次の(1)から(3)までに掲げる事項の実現を図り，児童に生きる力を育むことを目指すものとする。

(1)　基礎的・基本的な知識及び技能を確実に習得させ，これらを活用して課題を解決するために必要な思考力，判断力，表現力等を育むとともに，主体的に学習に取り組む態度を養い，個性を生かし多様な人々との協働を促す教育の充実に努めること。その際，児童の発達の段階を考慮して，児童の言語活動など，学習の基盤をつくる活動を充実するとともに，家庭との連携を図りながら，児童の学習習慣が確立するよう配慮すること。

(2)　道徳教育や体験活動，多様な表現や鑑賞の活動等を通して，豊かな心や創造性の涵養を目指した教育の充実に努めること。

　学校における道徳教育は，特別の教科である道徳（以下「道徳科」という。）を要として学校の教育活動全体を通じて行うものであり，道徳科はもとより，各教科，外国語活動，総合的な学習の時間及び特別活動のそれぞれの特質に応じて，児童の発達の段階を考慮して，適切な指導を行うこと。

　道徳教育は，教育基本法及び学校教育法に定められた教育の根本精神に基づき，自己の生き方を考え，主体的な判断の下に行動し，自立した人間として他者と共によりよく生きるための基盤となる道徳性を養うことを目標とすること。

　道徳教育を進めるに当たっては，人間尊重の精神と生命に対する畏敬の念を家庭，学校，その他社会における具体的な生活の中に生かし，豊かな心をもち，伝統と文化を尊重し，それらを育んできた我が国と郷土を愛し，個性豊かな文化の創造を図るとともに，平和で民主的な国家及び社会の形成者として，公共の精神を尊び，社会及び国家の発展に努め，他国を尊重し，国際社会の平和と発展や環境の保全に貢献し未来を拓く主体性のある日本人の育成に資することとなるよう特に留意すること。

(3)　学校における体育・健康に関する指導を，児童の発達の段階を考慮して，学校の教育活動全体を通じて適切に行うことにより，健康で安全な生活と豊かなスポーツライフの実現を目指した教育の充実に努めること。特に，学校における食育の推進並びに体力の向上に関する指導，安全に関する指導及び心身の健康の保持増進に関する指導については，体育科，家庭科及び特別活動の時間はもとより，各教科，道徳科，外国語活動及び総合的な学習の時間などにおいてもそれぞれの特質に応じて適切に行うよう努めること。また，それらの指導を通して，家庭や地域社会との連携を図りながら，日常生活において適切な体育・健康に関する活動の実践を促し，生涯を通じて健康・安全で活力ある生活を送るための基礎が培われるよう配慮すること。

3　2の(1)から(3)までに掲げる事項の実現を図り，豊かな創造性を備え持続可能な社会の創り手となることが期待される児童に，生きる力を育むことを目指すに当たっては，学校教育全体並びに各教科，道徳科，外国語活動，総合的な学習の時間及び特別活動（以下「各教科等」とい

う。ただし，第2の3の(2)のア及びウにおいて，特別活動については学級活動（学校給食に係るものを除く。）に限る。）の指導を通してどのような資質・能力の育成を目指すのかを明確にしながら，教育活動の充実を図るものとする。その際，児童の発達の段階や特性等を踏まえつつ，次に掲げることが偏りなく実現できるようにするものとする。

(1) 知識及び技能が習得されるようにすること。
(2) 思考力，判断力，表現力等を育成すること。
(3) 学びに向かう力，人間性等を涵養すること。

4　各学校においては，児童や学校，地域の実態を適切に把握し，教育の目的や目標の実現に必要な教育の内容等を教科等横断的な視点で組み立てていくこと，教育課程の実施状況を評価してその改善を図っていくこと，教育課程の実施に必要な人的又は物的な体制を確保するとともにその改善を図っていくことなどを通して，教育課程に基づき組織的かつ計画的に各学校の教育活動の質の向上を図っていくこと（以下「カリキュラム・マネジメント」という。）に努めるものとする。

第2　教育課程の編成

1　各学校の教育目標と教育課程の編成

　教育課程の編成に当たっては，学校教育全体や各教科等における指導を通して育成を目指す資質・能力を踏まえつつ，各学校の教育目標を明確にするとともに，教育課程の編成についての基本的な方針が家庭や地域とも共有されるよう努めるものとする。その際，第5章総合的な学習の時間の第2の1に基づき定められる目標との関連を図るものとする。

2　教科等横断的な視点に立った資質・能力の育成

(1) 各学校においては，児童の発達の段階を考慮し，言語能力，情報活用能力（情報モラルを含む。），問題発見・解決能力等の学習の基盤となる資質・能力を育成していくことができるよう，各教科等の特質を生かし，教科等横断的な視点から教育課程の編成を図るものとする。

(2) 各学校においては，児童や学校，地域の実態及び児童の発達の段階を考慮し，豊かな人生の実現や災害等を乗り越えて次代の社会を形成することに向けた現代的な諸課題に対応して求められる資質・能力を，教科等横断的な視点で育成していくことができるよう，各学校の特色を生かした教育課程の編成を図るものとする。

3　教育課程の編成における共通的事項

(1) 内容等の取扱い

　ア　第2章以下に示す各教科，道徳科，外国語活動及び特別活動の内容に関する事項は，特に示す場合を除き，いずれの学校においても取り扱わなければならない。

　イ　学校において特に必要がある場合には，第2章以下に示していない内容を加えて指導することができる。また，第2章以下に示す内容の取扱いのうち内容の範囲や程度等を示す事項は，全ての児童に対して指導するものとする内容の範囲や程度等を示したものであり，学校において特に必要がある場合には，この事項にかかわらず加えて指導することができる。ただし，これらの場合には，第2章以下に示す各教科，道徳科，外国語活動及び特別活動の目標や内容の趣旨を逸脱したり，児童の負担過重となったりすることのないようにしなければならない。

　ウ　第2章以下に示す各教科，道徳科，外国語活動及び特別活動の内容に掲げる事項の順序は，特に示す場合を除き，指導の順序を示すものではないので，学校においては，その取扱いについて適切な工夫を加えるものとする。

エ　学年の内容を2学年まとめて示した教科及び外国語活動の内容は，2学年間かけて指導する事項を示したものである。各学校においては，これらの事項を児童や学校，地域の実態に応じ，2学年間を見通して計画的に指導することとし，特に示す場合を除き，いずれかの学年に分けて，又はいずれの学年においても指導するものとする。

オ　学校において2以上の学年の児童で編制する学級について特に必要がある場合には，各教科及び道徳科の目標の達成に支障のない範囲内で，各教科及び道徳科の目標及び内容について学年別の順序によらないことができる。

カ　道徳科を要として学校の教育活動全体を通じて行う道徳教育の内容は，第3章特別の教科道徳の第2に示す内容とし，その実施に当たっては，第6に示す道徳教育に関する配慮事項を踏まえるものとする。

(2) 授業時数等の取扱い

ア　各教科等の授業は，年間35週（第1学年については34週）以上にわたって行うよう計画し，週当たりの授業時数が児童の負担過重にならないようにするものとする。ただし，各教科等や学習活動の特質に応じ効果的な場合には，夏季，冬季，学年末等の休業日の期間に授業日を設定する場合を含め，これらの授業を特定の期間に行うことができる。

イ　特別活動の授業のうち，児童会活動，クラブ活動及び学校行事については，それらの内容に応じ，年間，学期ごと，月ごとなどに適切な授業時数を充てるものとする。

ウ　各学校の時間割については，次の事項を踏まえ適切に編成するものとする。

(ｱ)　各教科等のそれぞれの授業の1単位時間は，各学校において，各教科等の年間授業時数を確保しつつ，児童の発達の段階及び各教科等や学習活動の特質を考慮して適切に定めること。

(ｲ)　各教科等の特質に応じ，10分から15分程度の短い時間を活用して特定の教科等の指導を行う場合において，教師が，単元や題材など内容や時間のまとまりを見通した中で，その指導内容の決定や指導の成果の把握と活用等を責任をもって行う体制が整備されているときは，その時間を当該教科等の年間授業時数に含めることができること。

(ｳ)　給食，休憩などの時間については，各学校において工夫を加え，適切に定めること。

(ｴ)　各学校において，児童や学校，地域の実態，各教科等や学習活動の特質等に応じて，創意工夫を生かした時間割を弾力的に編成できること。

エ　総合的な学習の時間における学習活動により，特別活動の学校行事に掲げる各行事の実施と同様の成果が期待できる場合においては，総合的な学習の時間における学習活動をもって相当する特別活動の学校行事に掲げる各行事の実施に替えることができる。

(3) 指導計画の作成等に当たっての配慮事項

各学校においては，次の事項に配慮しながら，学校の創意工夫を生かし，全体として，調和のとれた具体的な指導計画を作成するものとする。

ア　各教科等の指導内容については，(1)のアを踏まえつつ，単元や題材など内容や時間のまとまりを見通しながら，そのまとめ方や重点の置き方に適切な工夫を加え，第3の1に示す主体的・対話的で深い学びの実現に向けた授業改善を通して資質・能力を育む効果的な指導ができるようにすること。

イ　各教科等及び各学年相互間の関連を図り，系統的，発展的な指導ができるようにすること。

ウ　学年の内容を2学年まとめて示した教科及び外国語活動については，当該学年間を見通して，児童や学校，地域の実態に応じ，児童の発達の段階を考慮しつつ，効果的，段階的に指導するようにすること。

エ　児童の実態等を考慮し，指導の効果を高めるため，児童の発達の段階や指導内容の関連性等を踏まえつつ，合科的・関連的な指導を進めること。
4　学校段階等間の接続
　教育課程の編成に当たっては，次の事項に配慮しながら，学校段階等間の接続を図るものとする。
(1)　幼児期の終わりまでに育ってほしい姿を踏まえた指導を工夫することにより，幼稚園教育要領等に基づく幼児期の教育を通して育まれた資質・能力を踏まえて教育活動を実施し，児童が主体的に自己を発揮しながら学びに向かうことが可能となるようにすること。
　　また，低学年における教育全体において，例えば生活科において育成する自立し生活を豊かにしていくための資質・能力が，他教科等の学習においても生かされるようにするなど，教科等間の関連を積極的に図り，幼児期の教育及び中学年以降の教育との円滑な接続が図られるよう工夫すること。特に，小学校入学当初においては，幼児期において自発的な活動としての遊びを通して育まれてきたことが，各教科等における学習に円滑に接続されるよう，生活科を中心に，合科的・関連的な指導や弾力的な時間割の設定など，指導の工夫や指導計画の作成を行うこと。
(2)　中学校学習指導要領及び高等学校学習指導要領を踏まえ，中学校教育及びその後の教育との円滑な接続が図られるよう工夫すること。特に，義務教育学校，中学校連携型小学校及び中学校併設型小学校においては，義務教育9年間を見通した計画的かつ継続的な教育課程を編成すること。

第3　教育課程の実施と学習評価

1　主体的・対話的で深い学びの実現に向けた授業改善
　各教科等の指導に当たっては，次の事項に配慮するものとする。
(1)　第1の3の(1)から(3)までに示すことが偏りなく実現されるよう，単元や題材など内容や時間のまとまりを見通しながら，児童の主体的・対話的で深い学びの実現に向けた授業改善を行うこと。
　　特に，各教科等において身に付けた知識及び技能を活用したり，思考力，判断力，表現力等や学びに向かう力，人間性等を発揮させたりして，学習の対象となる物事を捉え思考することにより，各教科等の特質に応じた物事を捉える視点や考え方（以下「見方・考え方」という。）が鍛えられていくことに留意し，児童が各教科等の特質に応じた見方・考え方を働かせながら，知識を相互に関連付けてより深く理解したり，情報を精査して考えを形成したり，問題を見いだして解決策を考えたり，思いや考えを基に創造したりすることに向かう過程を重視した学習の充実を図ること。
(2)　第2の2の(1)に示す言語能力の育成を図るため，各学校において必要な言語環境を整えるとともに，国語科を要としつつ各教科等の特質に応じて，児童の言語活動を充実すること。あわせて，(7)に示すとおり読書活動を充実すること。
(3)　第2の2の(1)に示す情報活用能力の育成を図るため，各学校において，コンピュータや情報通信ネットワークなどの情報手段を活用するために必要な環境を整え，これらを適切に活用した学習活動の充実を図ること。また，各種の統計資料や新聞，視聴覚教材や教育機器などの教材・教具の適切な活用を図ること。
　　あわせて，各教科等の特質に応じて，次の学習活動を計画的に実施すること。
　　ア　児童がコンピュータで文字を入力するなどの学習の基盤として必要となる情報手段の基本

的な操作を習得するための学習活動
　　イ　児童がプログラミングを体験しながら，コンピュータに意図した処理を行わせるために必要な論理的思考力を身に付けるための学習活動
(4) 児童が学習の見通しを立てたり学習したことを振り返ったりする活動を，計画的に取り入れるように工夫すること。
(5) 児童が生命の有限性や自然の大切さ，主体的に挑戦してみることや多様な他者と協働することの重要性などを実感しながら理解することができるよう，各教科等の特質に応じた体験活動を重視し，家庭や地域社会と連携しつつ体系的・継続的に実施できるよう工夫すること。
(6) 児童が自ら学習課題や学習活動を選択する機会を設けるなど，児童の興味・関心を生かした自主的，自発的な学習が促されるよう工夫すること。
(7) 学校図書館を計画的に利用しその機能の活用を図り，児童の主体的・対話的で深い学びの実現に向けた授業改善に生かすとともに，児童の自主的，自発的な学習活動や読書活動を充実すること。また，地域の図書館や博物館，美術館，劇場，音楽堂等の施設の活用を積極的に図り，資料を活用した情報の収集や鑑賞等の学習活動を充実すること。

2　学習評価の充実
　学習評価の実施に当たっては，次の事項に配慮するものとする。
(1) 児童のよい点や進歩の状況などを積極的に評価し，学習したことの意義や価値を実感できるようにすること。また，各教科等の目標の実現に向けた学習状況を把握する観点から，単元や題材など内容や時間のまとまりを見通しながら評価の場面や方法を工夫して，学習の過程や成果を評価し，指導の改善や学習意欲の向上を図り，資質・能力の育成に生かすようにすること。
(2) 創意工夫の中で学習評価の妥当性や信頼性が高められるよう，組織的かつ計画的な取組を推進するとともに，学年や学校段階を越えて児童の学習の成果が円滑に接続されるように工夫すること。

●第4　児童の発達の支援

1　児童の発達を支える指導の充実
　教育課程の編成及び実施に当たっては，次の事項に配慮するものとする。
(1) 学習や生活の基盤として，教師と児童との信頼関係及び児童相互のよりよい人間関係を育てるため，日頃から学級経営の充実を図ること。また，主に集団の場面で必要な指導や援助を行うガイダンスと，個々の児童の多様な実態を踏まえ，一人一人が抱える課題に個別に対応した指導を行うカウンセリングの双方により，児童の発達を支援すること。
　　あわせて，小学校の低学年，中学年，高学年の学年の時期の特長を生かした指導の工夫を行うこと。
(2) 児童が，自己の存在感を実感しながら，よりよい人間関係を形成し，有意義で充実した学校生活を送る中で，現在及び将来における自己実現を図っていくことができるよう，児童理解を深め，学習指導と関連付けながら，生徒指導の充実を図ること。
(3) 児童が，学ぶことと自己の将来とのつながりを見通しながら，社会的・職業的自立に向けて必要な基盤となる資質・能力を身に付けていくことができるよう，特別活動を要としつつ各教科等の特質に応じて，キャリア教育の充実を図ること。
(4) 児童が，基礎的・基本的な知識及び技能の習得も含め，学習内容を確実に身に付けることができるよう，児童や学校の実態に応じ，個別学習やグループ別学習，繰り返し学習，学習内容

の習熟の程度に応じた学習，児童の興味・関心等に応じた課題学習，補充的な学習や発展的な学習などの学習活動を取り入れることや，教師間の協力による指導体制を確保することなど，指導方法や指導体制の工夫改善により，個に応じた指導の充実を図ること。その際，第3の1の(3)に示す情報手段や教材・教具の活用を図ること。

2 特別な配慮を必要とする児童への指導
 (1) 障害のある児童などへの指導
  ア 障害のある児童などについては，特別支援学校等の助言又は援助を活用しつつ，個々の児童の障害の状態等に応じた指導内容や指導方法の工夫を組織的かつ計画的に行うものとする。
  イ 特別支援学級において実施する特別の教育課程については，次のとおり編成するものとする。
   (ｱ) 障害による学習上又は生活上の困難を克服し自立を図るため，特別支援学校小学部・中学部学習指導要領第7章に示す自立活動を取り入れること。
   (ｲ) 児童の障害の程度や学級の実態等を考慮の上，各教科の目標や内容を下学年の教科の目標や内容に替えたり，各教科を，知的障害者である児童に対する教育を行う特別支援学校の各教科に替えたりするなどして，実態に応じた教育課程を編成すること。
  ウ 障害のある児童に対して，通級による指導を行い，特別の教育課程を編成する場合には，特別支援学校小学部・中学部学習指導要領第7章に示す自立活動の内容を参考とし，具体的な目標や内容を定め，指導を行うものとする。その際，効果的な指導が行われるよう，各教科等と通級による指導との関連を図るなど，教師間の連携に努めるものとする。
  エ 障害のある児童などについては，家庭，地域及び医療や福祉，保健，労働等の業務を行う関係機関との連携を図り，長期的な視点で児童への教育的支援を行うために，個別の教育支援計画を作成し活用することに努めるとともに，各教科等の指導に当たって，個々の児童の実態を的確に把握し，個別の指導計画を作成し活用することに努めるものとする。特に，特別支援学級に在籍する児童や通級による指導を受ける児童については，個々の児童の実態を的確に把握し，個別の教育支援計画や個別の指導計画を作成し，効果的に活用するものとする。
 (2) 海外から帰国した児童などの学校生活への適応や，日本語の習得に困難のある児童に対する日本語指導
  ア 海外から帰国した児童などについては，学校生活への適応を図るとともに，外国における生活経験を生かすなどの適切な指導を行うものとする。
  イ 日本語の習得に困難のある児童については，個々の児童の実態に応じた指導内容や指導方法の工夫を組織的かつ計画的に行うものとする。特に，通級による日本語指導については，教師間の連携に努め，指導についての計画を個別に作成することなどにより，効果的な指導に努めるものとする。
 (3) 不登校児童への配慮
  ア 不登校児童については，保護者や関係機関と連携を図り，心理や福祉の専門家の助言又は援助を得ながら，社会的自立を目指す観点から，個々の児童の実態に応じた情報の提供その他の必要な支援を行うものとする。
  イ 相当の期間小学校を欠席し引き続き欠席すると認められる児童を対象として，文部科学大臣が認める特別の教育課程を編成する場合には，児童の実態に配慮した教育課程を編成するとともに，個別学習やグループ別学習など指導方法や指導体制の工夫改善に努めるものとする。

付録2

第5 学校運営上の留意事項

1 教育課程の改善と学校評価等
   ア 各学校においては，校長の方針の下に，校務分掌に基づき教職員が適切に役割を分担しつつ，相互に連携しながら，各学校の特色を生かしたカリキュラム・マネジメントを行うよう努めるものとする。また，各学校が行う学校評価については，教育課程の編成，実施，改善が教育活動や学校運営の中核となることを踏まえ，カリキュラム・マネジメントと関連付けながら実施するよう留意するものとする。
   イ 教育課程の編成及び実施に当たっては，学校保健計画，学校安全計画，食に関する指導の全体計画，いじめの防止等のための対策に関する基本的な方針など，各分野における学校の全体計画等と関連付けながら，効果的な指導が行われるように留意するものとする。
2 家庭や地域社会との連携及び協働と学校間の連携
   教育課程の編成及び実施に当たっては，次の事項に配慮するものとする。
   ア 学校がその目的を達成するため，学校や地域の実態等に応じ，教育活動の実施に必要な人的又は物的な体制を家庭や地域の人々の協力を得ながら整えるなど，家庭や地域社会との連携及び協働を深めること。また，高齢者や異年齢の子供など，地域における世代を越えた交流の機会を設けること。
   イ 他の小学校や，幼稚園，認定こども園，保育所，中学校，高等学校，特別支援学校などとの間の連携や交流を図るとともに，障害のある幼児児童生徒との交流及び共同学習の機会を設け，共に尊重し合いながら協働して生活していく態度を育むようにすること。

第6 道徳教育に関する配慮事項

道徳教育を進めるに当たっては，道徳教育の特質を踏まえ，前項までに示す事項に加え，次の事項に配慮するものとする。

1 各学校においては，第1の2の(2)に示す道徳教育の目標を踏まえ，道徳教育の全体計画を作成し，校長の方針の下に，道徳教育の推進を主に担当する教師（以下「道徳教育推進教師」という。）を中心に，全教師が協力して道徳教育を展開すること。なお，道徳教育の全体計画の作成に当たっては，児童や学校，地域の実態を考慮して，学校の道徳教育の重点目標を設定するとともに，道徳科の指導方針，第3章特別の教科道徳の第2に示す内容との関連を踏まえた各教科，外国語活動，総合的な学習の時間及び特別活動における指導の内容及び時期並びに家庭や地域社会との連携の方法を示すこと。
2 各学校においては，児童の発達の段階や特性等を踏まえ，指導内容の重点化を図ること。その際，各学年を通じて，自立心や自律性，生命を尊重する心や他者を思いやる心を育てることに留意すること。また，各学年段階においては，次の事項に留意すること。
   (1) 第1学年及び第2学年においては，挨拶などの基本的な生活習慣を身に付けること，善悪を判断し，してはならないことをしないこと，社会生活上のきまりを守ること。
   (2) 第3学年及び第4学年においては，善悪を判断し，正しいと判断したことを行うこと，身近な人々と協力し助け合うこと，集団や社会のきまりを守ること。
   (3) 第5学年及び第6学年においては，相手の考え方や立場を理解して支え合うこと，法やきまりの意義を理解して進んで守ること，集団生活の充実に努めること，伝統と文化を尊重し，それらを育んできた我が国と郷土を愛するとともに，他国を尊重すること。
3 学校や学級内の人間関係や環境を整えるとともに，集団宿泊活動やボランティア活動，自然体

験活動，地域の行事への参加などの豊かな体験を充実すること。また，道徳教育の指導内容が，児童の日常生活に生かされるようにすること。その際，いじめの防止や安全の確保等にも資することとなるよう留意すること。

4　学校の道徳教育の全体計画や道徳教育に関する諸活動などの情報を積極的に公表したり，道徳教育の充実のために家庭や地域の人々の積極的な参加や協力を得たりするなど，家庭や地域社会との共通理解を深め，相互の連携を図ること。

小学校学習指導要領 第2章 第4節 理科

● 第1 目標

自然に親しみ，理科の見方・考え方を働かせ，見通しをもって観察，実験を行うことなどを通して，自然の事物・現象についての問題を科学的に解決するために必要な資質・能力を次のとおり育成することを目指す。

(1) 自然の事物・現象についての理解を図り，観察，実験などに関する基本的な技能を身に付けるようにする。
(2) 観察，実験などを行い，問題解決の力を養う。
(3) 自然を愛する心情や主体的に問題解決しようとする態度を養う。

● 第2 各学年の目標及び内容

〔第3学年〕

1 目 標

(1) 物質・エネルギー
① 物の性質，風とゴムの力の働き，光と音の性質，磁石の性質及び電気の回路についての理解を図り，観察，実験などに関する基本的な技能を身に付けるようにする。
② 物の性質，風とゴムの力の働き，光と音の性質，磁石の性質及び電気の回路について追究する中で，主に差異点や共通点を基に，問題を見いだす力を養う。
③ 物の性質，風とゴムの力の働き，光と音の性質，磁石の性質及び電気の回路について追究する中で，主体的に問題解決しようとする態度を養う。

(2) 生命・地球
① 身の回りの生物，太陽と地面の様子についての理解を図り，観察，実験などに関する基本的な技能を身に付けるようにする。
② 身の回りの生物，太陽と地面の様子について追究する中で，主に差異点や共通点を基に，問題を見いだす力を養う。
③ 身の回りの生物，太陽と地面の様子について追究する中で，生物を愛護する態度や主体的に問題解決しようとする態度を養う。

2 内 容

A 物質・エネルギー

(1) 物と重さ

物の性質について，形や体積に着目して，重さを比較しながら調べる活動を通して，次の事項を身に付けることができるよう指導する。

ア 次のことを理解するとともに，観察，実験などに関する技能を身に付けること。
　(ア) 物は，形が変わっても重さは変わらないこと。
　(イ) 物は，体積が同じでも重さは違うことがあること。
イ 物の形や体積と重さとの関係について追究する中で，差異点や共通点を基に，物の性質についての問題を見いだし，表現すること。

(2) 風とゴムの力の働き

風とゴムの力の働きについて，力と物の動く様子に着目して，それらを比較しながら調べる

活動を通して，次の事項を身に付けることができるよう指導する。

　ア　次のことを理解するとともに，観察，実験などに関する技能を身に付けること。

　　(ｱ)　風の力は，物を動かすことができること。また，風の力の大きさを変えると，物が動く様子も変わること。

　　(ｲ)　ゴムの力は，物を動かすことができること。また，ゴムの力の大きさを変えると，物が動く様子も変わること。

　イ　風とゴムの力で物が動く様子について追究する中で，差異点や共通点を基に，風とゴムの力の働きについての問題を見いだし，表現すること。

(3) 光と音の性質

　光と音の性質について，光を当てたときの明るさや暖かさ，音を出したときの震え方に着目して，光の強さや音の大きさを変えたときの違いを比較しながら調べる活動を通して，次の事項を身に付けることができるよう指導する。

　ア　次のことを理解するとともに，観察，実験などに関する技能を身に付けること。

　　(ｱ)　日光は直進し，集めたり反射させたりできること。

　　(ｲ)　物に日光を当てると，物の明るさや暖かさが変わること。

　　(ｳ)　物から音が出たり伝わったりするとき，物は震えていること。また，音の大きさが変わるとき物の震え方が変わること。

　イ　光を当てたときの明るさや暖かさの様子，音を出したときの震え方の様子について追究する中で，差異点や共通点を基に，光と音の性質についての問題を見いだし，表現すること。

(4) 磁石の性質

　磁石の性質について，磁石を身の回りの物に近付けたときの様子に着目して，それらを比較しながら調べる活動を通して，次の事項を身に付けることができるよう指導する。

　ア　次のことを理解するとともに，観察，実験などに関する技能を身に付けること。

　　(ｱ)　磁石に引き付けられる物と引き付けられない物があること。また，磁石に近付けると磁石になる物があること。

　　(ｲ)　磁石の異極は引き合い，同極は退け合うこと。

　イ　磁石を身の回りの物に近付けたときの様子について追究する中で，差異点や共通点を基に，磁石の性質についての問題を見いだし，表現すること。

(5) 電気の通り道

　電気の回路について，乾電池と豆電球などのつなぎ方と乾電池につないだ物の様子に着目して，電気を通すときと通さないときのつなぎ方を比較しながら調べる活動を通して，次の事項を身に付けることができるよう指導する。

　ア　次のことを理解するとともに，観察，実験などに関する技能を身に付けること。

　　(ｱ)　電気を通すつなぎ方と通さないつなぎ方があること。

　　(ｲ)　電気を通す物と通さない物があること。

　イ　乾電池と豆電球などのつなぎ方と乾電池につないだ物の様子について追究する中で，差異点や共通点を基に，電気の回路についての問題を見いだし，表現すること。

B　生命・地球

(1) 身の回りの生物

　身の回りの生物について，探したり育てたりする中で，それらの様子や周辺の環境，成長の過程や体のつくりに着目して，それらを比較しながら調べる活動を通して，次の事項を身に付けることができるよう指導する。

　ア　次のことを理解するとともに，観察，実験などに関する技能を身に付けること。

(ｱ) 生物は，色，形，大きさなど，姿に違いがあること。また，周辺の環境と関わって生きていること。

　　　(ｲ) 昆虫の育ち方には一定の順序があること。また，成虫の体は頭，胸及び腹からできていること。

　　　(ｳ) 植物の育ち方には一定の順序があること。また，その体は根，茎及び葉からできていること。

　　イ　身の回りの生物の様子について追究する中で，差異点や共通点を基に，身の回りの生物と環境との関わり，昆虫や植物の成長のきまりや体のつくりについての問題を見いだし，表現すること。

　(2) 太陽と地面の様子
　　太陽と地面の様子との関係について，日なたと日陰の様子に着目して，それらを比較しながら調べる活動を通して，次の事項を身に付けることができるよう指導する。
　　ア　次のことを理解するとともに，観察，実験などに関する技能を身に付けること。

　　　(ｱ) 日陰は太陽の光を遮るとでき，日陰の位置は太陽の位置の変化によって変わること。

　　　(ｲ) 地面は太陽によって暖められ，日なたと日陰では地面の暖かさや湿り気に違いがあること。

　　イ　日なたと日陰の様子について追究する中で，差異点や共通点を基に，太陽と地面の様子との関係についての問題を見いだし，表現すること。

3　内容の取扱い

(1) 内容の「A物質・エネルギー」の指導に当たっては，3種類以上のものづくりを行うものとする。

(2) 内容の「A物質・エネルギー」の(4)のアの(ｱ)については，磁石が物を引き付ける力は，磁石と物の距離によって変わることにも触れること。

(3) 内容の「B生命・地球」の(1)については，次のとおり取り扱うものとする。
　　ア　アの(ｲ)及び(ｳ)については，飼育，栽培を通して行うこと。
　　イ　アの(ｳ)の「植物の育ち方」については，夏生一年生の双子葉植物を扱うこと。

(4) 内容の「B生命・地球」の(2)のアの(ｱ)の「太陽の位置の変化」については，東から南，西へと変化することを取り扱うものとする。また，太陽の位置を調べるときの方位は東，西，南，北を扱うものとする。

〔第4学年〕

1　目　標

(1) 物質・エネルギー

① 空気，水及び金属の性質，電流の働きについての理解を図り，観察，実験などに関する基本的な技能を身に付けるようにする。

② 空気，水及び金属の性質，電流の働きについて追究する中で，主に既習の内容や生活経験を基に，根拠のある予想や仮説を発想する力を養う。

③ 空気，水及び金属の性質，電流の働きについて追究する中で，主体的に問題解決しようとする態度を養う。

(2) 生命・地球

① 人の体のつくりと運動，動物の活動や植物の成長と環境との関わり，雨水の行方と地面の様子，気象現象，月や星についての理解を図り，観察，実験などに関する基本的な技能を身に付

けるようにする。
② 人の体のつくりと運動，動物の活動や植物の成長と環境との関わり，雨水の行方と地面の様子，気象現象，月や星について追究する中で，主に既習の内容や生活経験を基に，根拠のある予想や仮説を発想する力を養う。
③ 人の体のつくりと運動，動物の活動や植物の成長と環境との関わり，雨水の行方と地面の様子，気象現象，月や星について追究する中で，生物を愛護する態度や主体的に問題解決しようとする態度を養う。

2 内容
A 物質・エネルギー
(1) 空気と水の性質

空気と水の性質について，体積や圧し返す力の変化に着目して，それらと圧す力とを関係付けて調べる活動を通して，次の事項を身に付けることができるよう指導する。

ア 次のことを理解するとともに，観察，実験などに関する技能を身に付けること。
  (ｱ) 閉じ込めた空気を圧すと，体積は小さくなるが，圧し返す力は大きくなること。
  (ｲ) 閉じ込めた空気は圧し縮められるが，水は圧し縮められないこと。
イ 空気と水の性質について追究する中で，既習の内容や生活経験を基に，空気と水の体積や圧し返す力の変化と圧す力との関係について，根拠のある予想や仮説を発想し，表現すること。

(2) 金属，水，空気と温度

金属，水及び空気の性質について，体積や状態の変化，熱の伝わり方に着目して，それらと温度の変化とを関係付けて調べる活動を通して，次の事項を身に付けることができるよう指導する。

ア 次のことを理解するとともに，観察，実験などに関する技能を身に付けること。
  (ｱ) 金属，水及び空気は，温めたり冷やしたりすると，それらの体積が変わるが，その程度には違いがあること。
  (ｲ) 金属は熱せられた部分から順に温まるが，水や空気は熱せられた部分が移動して全体が温まること。
  (ｳ) 水は，温度によって水蒸気や氷に変わること。また，水が氷になると体積が増えること。
イ 金属，水及び空気の性質について追究する中で，既習の内容や生活経験を基に，金属，水及び空気の温度を変化させたときの体積や状態の変化，熱の伝わり方について，根拠のある予想や仮説を発想し，表現すること。

(3) 電流の働き

電流の働きについて，電流の大きさや向きと乾電池につないだ物の様子に着目して，それらを関係付けて調べる活動を通して，次の事項を身に付けることができるよう指導する。

ア 次のことを理解するとともに，観察，実験などに関する技能を身に付けること。
  (ｱ) 乾電池の数やつなぎ方を変えると，電流の大きさや向きが変わり，豆電球の明るさやモーターの回り方が変わること。
イ 電流の働きについて追究する中で，既習の内容や生活経験を基に，電流の大きさや向きと乾電池につないだ物の様子との関係について，根拠のある予想や仮説を発想し，表現すること。

付録3

B 生命・地球

(1) 人の体のつくりと運動

　人や他の動物について，骨や筋肉のつくりと働きに着目して，それらを関係付けて調べる活動を通して，次の事項を身に付けることができるよう指導する。

　ア　次のことを理解するとともに，観察，実験などに関する技能を身に付けること。
　　(ｱ)　人の体には骨と筋肉があること。
　　(ｲ)　人が体を動かすことができるのは，骨，筋肉の働きによること。
　イ　人や他の動物について追究する中で，既習の内容や生活経験を基に，人や他の動物の骨や筋肉のつくりと働きについて，根拠のある予想や仮説を発想し，表現すること。

(2) 季節と生物

　身近な動物や植物について，探したり育てたりする中で，動物の活動や植物の成長と季節の変化に着目して，それらを関係付けて調べる活動を通して，次の事項を身に付けることができるよう指導する。

　ア　次のことを理解するとともに，観察，実験などに関する技能を身に付けること。
　　(ｱ)　動物の活動は，暖かい季節，寒い季節などによって違いがあること。
　　(ｲ)　植物の成長は，暖かい季節，寒い季節などによって違いがあること。
　イ　身近な動物や植物について追究する中で，既習の内容や生活経験を基に，季節ごとの動物の活動や植物の成長の変化について，根拠のある予想や仮説を発想し，表現すること。

(3) 雨水の行方と地面の様子

　雨水の行方と地面の様子について，流れ方やしみ込み方に着目して，それらと地面の傾きや土の粒の大きさとを関係付けて調べる活動を通して，次の事項を身に付けることができるよう指導する。

　ア　次のことを理解するとともに，観察，実験などに関する技能を身に付けること。
　　(ｱ)　水は，高い場所から低い場所へと流れて集まること。
　　(ｲ)　水のしみ込み方は，土の粒の大きさによって違いがあること。
　イ　雨水の行方と地面の様子について追究する中で，既習の内容や生活経験を基に，雨水の流れ方やしみ込み方と地面の傾きや土の粒の大きさとの関係について，根拠のある予想や仮説を発想し，表現すること。

(4) 天気の様子

　天気や自然界の水の様子について，気温や水の行方に着目して，それらと天気の様子や水の状態変化とを関係付けて調べる活動を通して，次の事項を身に付けることができるよう指導する。

　ア　次のことを理解するとともに，観察，実験などに関する技能を身に付けること。
　　(ｱ)　天気によって1日の気温の変化の仕方に違いがあること。
　　(ｲ)　水は，水面や地面などから蒸発し，水蒸気になって空気中に含まれていくこと。また，空気中の水蒸気は，結露して再び水になって現れることがあること。
　イ　天気や自然界の水の様子について追究する中で，既習の内容や生活経験を基に，天気の様子や水の状態変化と気温や水の行方との関係について，根拠のある予想や仮説を発想し，表現すること。

(5) 月と星

　月や星の特徴について，位置の変化や時間の経過に着目して，それらを関係付けて調べる活動を通して，次の事項を身に付けることができるよう指導する。

　ア　次のことを理解するとともに，観察，実験などに関する技能を身に付けること。

(ｱ) 月は日によって形が変わって見え，1日のうちでも時刻によって位置が変わること。
(ｲ) 空には，明るさや色の違う星があること。
(ｳ) 星の集まりは，1日のうちでも時刻によって，並び方は変わらないが，位置が変わること。

イ 月や星の特徴について追究する中で，既習の内容や生活経験を基に，月や星の位置の変化と時間の経過との関係について，根拠のある予想や仮説を発想し，表現すること。

3 内容の取扱い

(1) 内容の「A物質・エネルギー」の(3)のアの(ｱ)については，直列つなぎと並列つなぎを扱うものとする。
(2) 内容の「A物質・エネルギー」の指導に当たっては，2種類以上のものづくりを行うものとする。
(3) 内容の「B生命・地球」の(1)のアの(ｲ)については，関節の働きを扱うものとする。
(4) 内容の「B生命・地球」の(2)については，1年を通じて動物の活動や植物の成長をそれぞれ2種類以上観察するものとする。

〔第5学年〕

1 目標

(1) 物質・エネルギー
① 物の溶け方，振り子の運動，電流がつくる磁力についての理解を図り，観察，実験などに関する基本的な技能を身に付けるようにする。
② 物の溶け方，振り子の運動，電流がつくる磁力について追究する中で，主に予想や仮説を基に，解決の方法を発想する力を養う。
③ 物の溶け方，振り子の運動，電流がつくる磁力について追究する中で，主体的に問題解決しようとする態度を養う。

(2) 生命・地球
① 生命の連続性，流れる水の働き，気象現象の規則性についての理解を図り，観察，実験などに関する基本的な技能を身に付けるようにする。
② 生命の連続性，流れる水の働き，気象現象の規則性について追究する中で，主に予想や仮説を基に，解決の方法を発想する力を養う。
③ 生命の連続性，流れる水の働き，気象現象の規則性について追究する中で，生命を尊重する態度や主体的に問題解決しようとする態度を養う。

2 内容

A 物質・エネルギー

(1) 物の溶け方
物の溶け方について，溶ける量や様子に着目して，水の温度や量などの条件を制御しながら調べる活動を通して，次の事項を身に付けることができるよう指導する。
ア 次のことを理解するとともに，観察，実験などに関する技能を身に付けること。
(ｱ) 物が水に溶けても，水と物とを合わせた重さは変わらないこと。
(ｲ) 物が水に溶ける量には，限度があること。
(ｳ) 物が水に溶ける量は水の温度や量，溶ける物によって違うこと。また，この性質を利用して，溶けている物を取り出すことができること。

付録3

イ　物の溶け方について追究する中で，物の溶け方の規則性についての予想や仮説を基に，解決の方法を発想し，表現すること。
(2) 振り子の運動
　　振り子の運動の規則性について，振り子が1往復する時間に着目して，おもりの重さや振り子の長さなどの条件を制御しながら調べる活動を通して，次の事項を身に付けることができるよう指導する。
　ア　次のことを理解するとともに，観察，実験などに関する技能を身に付けること。
　　(ｱ)　振り子が1往復する時間は，おもりの重さなどによっては変わらないが，振り子の長さによって変わること。
　イ　振り子の運動の規則性について追究する中で，振り子が1往復する時間に関係する条件についての予想や仮説を基に，解決の方法を発想し，表現すること。
(3) 電流がつくる磁力
　　電流がつくる磁力について，電流の大きさや向き，コイルの巻数などに着目して，それらの条件を制御しながら調べる活動を通して，次の事項を身に付けることができるよう指導する。
　ア　次のことを理解するとともに，観察，実験などに関する技能を身に付けること。
　　(ｱ)　電流の流れているコイルは，鉄心を磁化する働きがあり，電流の向きが変わると，電磁石の極も変わること。
　　(ｲ)　電磁石の強さは，電流の大きさや導線の巻数によって変わること。
　イ　電流がつくる磁力について追究する中で，電流がつくる磁力の強さに関係する条件についての予想や仮説を基に，解決の方法を発想し，表現すること。

B　生命・地球
(1) 植物の発芽，成長，結実
　　植物の育ち方について，発芽，成長及び結実の様子に着目して，それらに関わる条件を制御しながら調べる活動を通して，次の事項を身に付けることができるよう指導する。
　ア　次のことを理解するとともに，観察，実験などに関する技能を身に付けること。
　　(ｱ)　植物は，種子の中の養分を基にして発芽すること。
　　(ｲ)　植物の発芽には，水，空気及び温度が関係していること。
　　(ｳ)　植物の成長には，日光や肥料などが関係していること。
　　(ｴ)　花にはおしべやめしべなどがあり，花粉がめしべの先に付くとめしべのもとが実になり，実の中に種子ができること。
　イ　植物の育ち方について追究する中で，植物の発芽，成長及び結実とそれらに関わる条件についての予想や仮説を基に，解決の方法を発想し，表現すること。
(2) 動物の誕生
　　動物の発生や成長について，魚を育てたり人の発生についての資料を活用したりする中で，卵や胎児の様子に着目して，時間の経過と関係付けて調べる活動を通して，次の事項を身に付けることができるよう指導する。
　ア　次のことを理解するとともに，観察，実験などに関する技能を身に付けること。
　　(ｱ)　魚には雌雄があり，生まれた卵は日がたつにつれて中の様子が変化してかえること。
　　(ｲ)　人は，母体内で成長して生まれること。
　イ　動物の発生や成長について追究する中で，動物の発生や成長の様子と経過についての予想や仮説を基に，解決の方法を発想し，表現すること。
(3) 流れる水の働きと土地の変化
　　流れる水の働きと土地の変化について，水の速さや量に着目して，それらの条件を制御しな

がら調べる活動を通して，次の事項を身に付けることができるよう指導する。
　ア　次のことを理解するとともに，観察，実験などに関する技能を身に付けること。
　　(ｱ)　流れる水には，土地を侵食したり，石や土などを運搬したり堆積させたりする働きがあること。
　　(ｲ)　川の上流と下流によって，川原の石の大きさや形に違いがあること。
　　(ｳ)　雨の降り方によって，流れる水の速さや量は変わり，増水により土地の様子が大きく変化する場合があること。
　イ　流れる水の働きについて追究する中で，流れる水の働きと土地の変化との関係についての予想や仮説を基に，解決の方法を発想し，表現すること。
(4)　天気の変化
　　天気の変化の仕方について，雲の様子を観測したり，映像などの気象情報を活用したりする中で，雲の量や動きに着目して，それらと天気の変化とを関係付けて調べる活動を通して，次の事項を身に付けることができるよう指導する。
　ア　次のことを理解するとともに，観察，実験などに関する技能を身に付けること。
　　(ｱ)　天気の変化は，雲の量や動きと関係があること。
　　(ｲ)　天気の変化は，映像などの気象情報を用いて予想できること。
　イ　天気の変化の仕方について追究する中で，天気の変化の仕方と雲の量や動きとの関係についての予想や仮説を基に，解決の方法を発想し，表現すること。

3　内容の取扱い

(1)　内容の「A物質・エネルギー」の指導に当たっては，2種類以上のものづくりを行うものとする。
(2)　内容の「A物質・エネルギー」の(1)については，水溶液の中では，溶けている物が均一に広がることにも触れること。
(3)　内容の「B生命・地球」の(1)については，次のとおり取り扱うものとする。
　ア　アの(ｱ)の「種子の中の養分」については，でんぷんを扱うこと。
　イ　アの(ｴ)については，おしべ，めしべ，がく及び花びらを扱うこと。また，受粉については，風や昆虫などが関係していることにも触れること。
(4)　内容の「B生命・地球」の(2)のアの(ｲ)については，人の受精に至る過程は取り扱わないものとする。
(5)　内容の「B生命・地球」の(3)のアの(ｳ)については，自然災害についても触れること。
(6)　内容の「B生命・地球」の(4)のアの(ｲ)については，台風の進路による天気の変化や台風と降雨との関係及びそれに伴う自然災害についても触れること。

〔第6学年〕
1　目　標

(1)　物質・エネルギー
①　燃焼の仕組み，水溶液の性質，てこの規則性及び電気の性質や働きについての理解を図り，観察，実験などに関する基本的な技能を身に付けるようにする。
②　燃焼の仕組み，水溶液の性質，てこの規則性及び電気の性質や働きについて追究する中で，主にそれらの仕組みや性質，規則性及び働きについて，より妥当な考えをつくりだす力を養う。
③　燃焼の仕組み，水溶液の性質，てこの規則性及び電気の性質や働きについて追究する中で，

付録3

主体的に問題解決しようとする態度を養う。
(2) 生命・地球
① 生物の体のつくりと働き，生物と環境との関わり，土地のつくりと変化，月の形の見え方と太陽との位置関係についての理解を図り，観察，実験などに関する基本的な技能を身に付けるようにする。
② 生物の体のつくりと働き，生物と環境との関わり，土地のつくりと変化，月の形の見え方と太陽との位置関係について追究する中で，主にそれらの働きや関わり，変化及び関係について，より妥当な考えをつくりだす力を養う。
③ 生物の体のつくりと働き，生物と環境との関わり，土地のつくりと変化，月の形の見え方と太陽との位置関係について追究する中で，生命を尊重する態度や主体的に問題解決しようとする態度を養う。

2 内 容
A 物質・エネルギー
(1) 燃焼の仕組み

燃焼の仕組みについて，空気の変化に着目して，物の燃え方を多面的に調べる活動を通して，次の事項を身に付けることができるよう指導する。

ア 次のことを理解するとともに，観察，実験などに関する技能を身に付けること。
　(ア) 植物体が燃えるときには，空気中の酸素が使われて二酸化炭素ができること。
イ 燃焼の仕組みについて追究する中で，物が燃えたときの空気の変化について，より妥当な考えをつくりだし，表現すること。

(2) 水溶液の性質

水溶液について，溶けている物に着目して，それらによる水溶液の性質や働きの違いを多面的に調べる活動を通して，次の事項を身に付けることができるよう指導する。

ア 次のことを理解するとともに，観察，実験などに関する技能を身に付けること。
　(ア) 水溶液には，酸性，アルカリ性及び中性のものがあること。
　(イ) 水溶液には，気体が溶けているものがあること。
　(ウ) 水溶液には，金属を変化させるものがあること。
イ 水溶液の性質や働きについて追究する中で，溶けているものによる性質や働きの違いについて，より妥当な考えをつくりだし，表現すること。

(3) てこの規則性

てこの規則性について，力を加える位置や力の大きさに着目して，てこの働きを多面的に調べる活動を通して，次の事項を身に付けることができるよう指導する。

ア 次のことを理解するとともに，観察，実験などに関する技能を身に付けること。
　(ア) 力を加える位置や力の大きさを変えると，てこを傾ける働きが変わり，てこがつり合うときにはそれらの間に規則性があること。
　(イ) 身の回りには，てこの規則性を利用した道具があること。
イ てこの規則性について追究する中で，力を加える位置や力の大きさとてこの働きとの関係について，より妥当な考えをつくりだし，表現すること。

(4) 電気の利用

発電や蓄電，電気の変換について，電気の量や働きに着目して，それらを多面的に調べる活動を通して，次の事項を身に付けることができるよう指導する。

ア 次のことを理解するとともに，観察，実験などに関する技能を身に付けること。

(ｱ) 電気は，つくりだしたり蓄えたりすることができること。
(ｲ) 電気は，光，音，熱，運動などに変換することができること。
(ｳ) 身の回りには，電気の性質や働きを利用した道具があること。
イ 電気の性質や働きについて追究する中で，電気の量と働きとの関係，発電や蓄電，電気の変換について，より妥当な考えをつくりだし，表現すること。

B 生命・地球

(1) 人の体のつくりと働き

人や他の動物について，体のつくりと呼吸，消化，排出及び循環の働きに着目して，生命を維持する働きを多面的に調べる活動を通して，次の事項を身に付けることができるよう指導する。

ア 次のことを理解するとともに，観察，実験などに関する技能を身に付けること。
(ｱ) 体内に酸素が取り入れられ，体外に二酸化炭素などが出されていること。
(ｲ) 食べ物は，口，胃，腸などを通る間に消化，吸収され，吸収されなかった物は排出されること。
(ｳ) 血液は，心臓の働きで体内を巡り，養分，酸素及び二酸化炭素などを運んでいること。
(ｴ) 体内には，生命活動を維持するための様々な臓器があること。
イ 人や他の動物の体のつくりと働きについて追究する中で，体のつくりと呼吸，消化，排出及び循環の働きについて，より妥当な考えをつくりだし，表現すること。

(2) 植物の養分と水の通り道

植物について，その体のつくり，体内の水などの行方及び葉で養分をつくる働きに着目して，生命を維持する働きを多面的に調べる活動を通して，次の事項を身に付けることができるよう指導する。

ア 次のことを理解するとともに，観察，実験などに関する技能を身に付けること。
(ｱ) 植物の葉に日光が当たるとでんぷんができること。
(ｲ) 根，茎及び葉には，水の通り道があり，根から吸い上げられた水は主に葉から蒸散により排出されること。
イ 植物の体のつくりと働きについて追究する中で，体のつくり，体内の水などの行方及び葉で養分をつくる働きについて，より妥当な考えをつくりだし，表現すること。

(3) 生物と環境

生物と環境について，動物や植物の生活を観察したり資料を活用したりする中で，生物と環境との関わりに着目して，それらを多面的に調べる活動を通して，次の事項を身に付けることができるよう指導する。

ア 次のことを理解するとともに，観察，実験などに関する技能を身に付けること。
(ｱ) 生物は，水及び空気を通して周囲の環境と関わって生きていること。
(ｲ) 生物の間には，食う食われるという関係があること。
(ｳ) 人は，環境と関わり，工夫して生活していること。
イ 生物と環境について追究する中で，生物と環境との関わりについて，より妥当な考えをつくりだし，表現すること。

(4) 土地のつくりと変化

土地のつくりと変化について，土地やその中に含まれる物に着目して，土地のつくりやでき方を多面的に調べる活動を通して，次の事項を身に付けることができるよう指導する。

ア 次のことを理解するとともに，観察，実験などに関する技能を身に付けること。
(ｱ) 土地は，礫，砂，泥，火山灰などからできており，層をつくって広がっているものがあ

ること。また，層には化石が含まれているものがあること。
　　　(イ) 地層は，流れる水の働きや火山の噴火によってできること。
　　　(ウ) 土地は，火山の噴火や地震によって変化すること。
　　イ　土地のつくりと変化について追究する中で，土地のつくりやでき方について，より妥当な考えをつくりだし，表現すること。
　(5) 月と太陽
　　　月の形の見え方について，月と太陽の位置に着目して，それらの位置関係を多面的に調べる活動を通して，次の事項を身に付けることができるよう指導する。
　　ア　次のことを理解するとともに，観察，実験などに関する技能を身に付けること。
　　　(ア) 月の輝いている側に太陽があること。また，月の形の見え方は，太陽と月との位置関係によって変わること。
　　イ　月の形の見え方について追究する中で，月の位置や形と太陽の位置との関係について，より妥当な考えをつくりだし，表現すること。

3　内容の取扱い

(1) 内容の「A物質・エネルギー」の指導に当たっては，2種類以上のものづくりを行うものとする。
(2) 内容の「A物質・エネルギー」の(4)のアの(ア)については，電気をつくりだす道具として，手回し発電機，光電池などを扱うものとする。
(3) 内容の「B生命・地球」の(1)については，次のとおり取り扱うものとする。
　ア　アの(ウ)については，心臓の拍動と脈拍とが関係することにも触れること。
　イ　アの(エ)については，主な臓器として，肺，胃，小腸，大腸，肝臓，腎臓，心臓を扱うこと。
(4) 内容の「B生命・地球」の(3)については，次のとおり取り扱うものとする。
　ア　アの(ア)については，水が循環していることにも触れること。
　イ　アの(イ)については，水中の小さな生物を観察し，それらが魚などの食べ物になっていることに触れること。
(5) 内容の「B生命・地球」の(4)については，次のとおり取り扱うものとする。
　ア　アの(イ)については，流れる水の働きでできた岩石として礫岩，砂岩，泥岩を扱うこと。
　イ　アの(ウ)については，自然災害についても触れること。
(6) 内容の「B生命・地球」の(5)のアの(ア)については，地球から見た太陽と月との位置関係で扱うものとする。

●第3　指導計画の作成と内容の取扱い

1　指導計画の作成に当たっては，次の事項に配慮するものとする。
(1) 単元など内容や時間のまとまりを見通して，その中で育む資質・能力の育成に向けて，児童の主体的・対話的で深い学びの実現を図るようにすること。その際，理科の学習過程の特質を踏まえ，理科の見方・考え方を働かせ，見通しをもって観察，実験を行うことなどの，問題を科学的に解決しようとする学習活動の充実を図ること。
(2) 各学年で育成を目指す思考力，判断力，表現力等については，該当学年において育成することを目指す力のうち，主なものを示したものであり，実際の指導に当たっては，他の学年で掲げている力の育成についても十分に配慮すること。

(3) 障害のある児童などについては，学習活動を行う場合に生じる困難さに応じた指導内容や指導方法の工夫を計画的，組織的に行うこと。

(4) 第1章総則の第1の2の(2)に示す道徳教育の目標に基づき，道徳科などとの関連を考慮しながら，第3章特別の教科道徳の第2に示す内容について，理科の特質に応じて適切な指導をすること。

2　第2の内容の取扱いについては，次の事項に配慮するものとする。

(1) 問題を見いだし，予想や仮説，観察，実験などの方法について考えたり説明したりする学習活動，観察，実験の結果を整理し考察する学習活動，科学的な言葉や概念を使用して考えたり説明したりする学習活動などを重視することによって，言語活動が充実するようにすること。

(2) 観察，実験などの指導に当たっては，指導内容に応じてコンピュータや情報通信ネットワークなどを適切に活用できるようにすること。また，第1章総則の第3の1の(3)のイに掲げるプログラミングを体験しながら論理的思考力を身に付けるための学習活動を行う場合には，児童の負担に配慮しつつ，例えば第2の各学年の内容の〔第6学年〕の「A物質・エネルギー」の(4)における電気の性質や働きを利用した道具があることを捉える学習など，与えた条件に応じて動作していることを考察し，更に条件を変えることにより，動作が変化することについて考える場面で取り扱うものとする。

(3) 生物，天気，川，土地などの指導に当たっては，野外に出掛け地域の自然に親しむ活動や体験的な活動を多く取り入れるとともに，生命を尊重し，自然環境の保全に寄与する態度を養うようにすること。

(4) 天気，川，土地などの指導に当たっては，災害に関する基礎的な理解が図られるようにすること。

(5) 個々の児童が主体的に問題解決の活動を進めるとともに，日常生活や他教科等との関連を図った学習活動，目的を設定し，計測して制御するという考え方に基づいた学習活動が充実するようにすること。

(6) 博物館や科学学習センターなどと連携，協力を図りながら，それらを積極的に活用すること。

3　観察，実験などの指導に当たっては，事故防止に十分留意すること。また，環境整備に十分配慮するとともに，使用薬品についても適切な措置をとるよう配慮すること。

付録3

中学校学習指導要領 第2章 第4節 理科

● 第1 目標

自然の事物・現象に関わり，理科の見方・考え方を働かせ，見通しをもって観察，実験を行うことなどを通して，自然の事物・現象を科学的に探究するために必要な資質・能力を次のとおり育成することを目指す。

(1) 自然の事物・現象についての理解を深め，科学的に探究するために必要な観察，実験などに関する基本的な技能を身に付けるようにする。
(2) 観察，実験などを行い，科学的に探究する力を養う。
(3) 自然の事物・現象に進んで関わり，科学的に探究しようとする態度を養う。

● 第2 各分野の目標及び内容

〔第1分野〕

1 目標

物質やエネルギーに関する事物・現象を科学的に探究するために必要な資質・能力を次のとおり育成することを目指す。

(1) 物質やエネルギーに関する事物・現象についての観察，実験などを行い，身近な物理現象，電流とその利用，運動とエネルギー，身の回りの物質，化学変化と原子・分子，化学変化とイオンなどについて理解するとともに，科学技術の発展と人間生活との関わりについて認識を深めるようにする。また，それらを科学的に探究するために必要な観察，実験などに関する基本的な技能を身に付けるようにする。
(2) 物質やエネルギーに関する事物・現象に関わり，それらの中に問題を見いだし見通しをもって観察，実験などを行い，その結果を分析して解釈し表現するなど，科学的に探究する活動を通して，規則性を見いだしたり課題を解決したりする力を養う。
(3) 物質やエネルギーに関する事物・現象に進んで関わり，科学的に探究しようとする態度を養うとともに，自然を総合的に見ることができるようにする。

2 内容

(1) 身近な物理現象

身近な物理現象についての観察，実験などを通して，次の事項を身に付けることができるよう指導する。

ア 身近な物理現象を日常生活や社会と関連付けながら，次のことを理解するとともに，それらの観察，実験などに関する技能を身に付けること。

(ｱ) 光と音

㋐ 光の反射・屈折

光の反射や屈折の実験を行い，光が水やガラスなどの物質の境界面で反射，屈折するときの規則性を見いだして理解すること。

㋑ 凸レンズの働き

凸レンズの働きについての実験を行い，物体の位置と像のでき方との関係を見いだして理解すること。

㋒ 音の性質

　　　　　音についての実験を行い，音はものが振動することによって生じ空気中などを伝わること及び音の高さや大きさは発音体の振動の仕方に関係することを見いだして理解すること。
　　(イ) 力の働き
　　　㋐ 力の働き
　　　　　物体に力を働かせる実験を行い，物体に力が働くとその物体が変形したり動き始めたり，運動の様子が変わったりすることを見いだして理解するとともに，力は大きさと向きによって表されることを知ること。また，物体に働く2力についての実験を行い，力がつり合うときの条件を見いだして理解すること。
　イ　身近な物理現象について，問題を見いだし見通しをもって観察，実験などを行い，光の反射や屈折，凸レンズの働き，音の性質，力の働きの規則性や関係性を見いだして表現すること。
(2) 身の回りの物質
　　身の回りの物質についての観察，実験などを通して，次の事項を身に付けることができるよう指導する。
　ア　身の回りの物質の性質や変化に着目しながら，次のことを理解するとともに，それらの観察，実験などに関する技能を身に付けること。
　　(ア) 物質のすがた
　　　㋐ 身の回りの物質とその性質
　　　　　身の回りの物質の性質を様々な方法で調べる実験を行い，物質には密度や加熱したときの変化など固有の性質と共通の性質があることを見いだして理解するとともに，実験器具の操作，記録の仕方などの技能を身に付けること。
　　　㋑ 気体の発生と性質
　　　　　気体を発生させてその性質を調べる実験を行い，気体の種類による特性を理解するとともに，気体を発生させる方法や捕集法などの技能を身に付けること。
　　(イ) 水溶液
　　　㋐ 水溶液
　　　　　水溶液から溶質を取り出す実験を行い，その結果を溶解度と関連付けて理解すること。
　　(ウ) 状態変化
　　　㋐ 状態変化と熱
　　　　　物質の状態変化についての観察，実験を行い，状態変化によって物質の体積は変化するが質量は変化しないことを見いだして理解すること。
　　　㋑ 物質の融点と沸点
　　　　　物質は融点や沸点を境に状態が変化することを知るとともに，混合物を加熱する実験を行い，沸点の違いによって物質の分離ができることを見いだして理解すること。
　イ　身の回りの物質について，問題を見いだし見通しをもって観察，実験などを行い，物質の性質や状態変化における規則性を見いだして表現すること。
(3) 電流とその利用
　　電流とその利用についての観察，実験などを通して，次の事項を身に付けることができるよう指導する。
　ア　電流，磁界に関する事物・現象を日常生活や社会と関連付けながら，次のことを理解するとともに，それらの観察，実験などに関する技能を身に付けること。

付録4

(ア) 電流
　㋐ 回路と電流・電圧
　　回路をつくり，回路の電流や電圧を測定する実験を行い，回路の各点を流れる電流や各部に加わる電圧についての規則性を見いだして理解すること。
　㋑ 電流・電圧と抵抗
　　金属線に加わる電圧と電流を測定する実験を行い，電圧と電流の関係を見いだして理解するとともに，金属線には電気抵抗があることを理解すること。
　㋒ 電気とそのエネルギー
　　電流によって熱や光などを発生させる実験を行い，熱や光などが取り出せること及び電力の違いによって発生する熱や光などの量に違いがあることを見いだして理解すること。
　㋓ 静電気と電流
　　異なる物質同士をこすり合わせると静電気が起こり，帯電した物体間では空間を隔てて力が働くこと及び静電気と電流には関係があることを見いだして理解すること。
(イ) 電流と磁界
　㋐ 電流がつくる磁界
　　磁石や電流による磁界の観察を行い，磁界を磁力線で表すことを理解するとともに，コイルの回りに磁界ができることを知ること。
　㋑ 磁界中の電流が受ける力
　　磁石とコイルを用いた実験を行い，磁界中のコイルに電流を流すと力が働くことを見いだして理解すること。
　㋒ 電磁誘導と発電
　　磁石とコイルを用いた実験を行い，コイルや磁石を動かすことにより電流が得られることを見いだして理解するとともに，直流と交流の違いを理解すること。
イ　電流，磁界に関する現象について，見通しをもって解決する方法を立案して観察，実験などを行い，その結果を分析して解釈し，電流と電圧，電流の働き，静電気，電流と磁界の規則性や関係性を見いだして表現すること。

(4) 化学変化と原子・分子
　化学変化についての観察，実験などを通して，次の事項を身に付けることができるよう指導する。
ア　化学変化を原子や分子のモデルと関連付けながら，次のことを理解するとともに，それらの観察，実験などに関する技能を身に付けること。
　(ア) 物質の成り立ち
　　㋐ 物質の分解
　　　物質を分解する実験を行い，分解して生成した物質は元の物質とは異なることを見いだして理解すること。
　　㋑ 原子・分子
　　　物質は原子や分子からできていることを理解するとともに，物質を構成する原子の種類は記号で表されることを知ること。
　(イ) 化学変化
　　㋐ 化学変化
　　　2種類の物質を反応させる実験を行い，反応前とは異なる物質が生成することを見いだして理解するとともに，化学変化は原子や分子のモデルで説明できること，化合物の

付録4

組成は化学式で表されること及び化学変化は化学反応式で表されることを理解すること。
　㋑　化学変化における酸化と還元
　　　酸化や還元の実験を行い，酸化や還元は酸素が関係する反応であることを見いだして理解すること。
　㋒　化学変化と熱
　　　化学変化によって熱を取り出す実験を行い，化学変化には熱の出入りが伴うことを見いだして理解すること。
　(ウ)　化学変化と物質の質量
　　㋐　化学変化と質量の保存
　　　　化学変化の前後における物質の質量を測定する実験を行い，反応物の質量の総和と生成物の質量の総和が等しいことを見いだして理解すること。
　　㋑　質量変化の規則性
　　　　化学変化に関係する物質の質量を測定する実験を行い，反応する物質の質量の間には一定の関係があることを見いだして理解すること。
イ　化学変化について，見通しをもって解決する方法を立案して観察，実験などを行い，原子や分子と関連付けてその結果を分析して解釈し，化学変化における物質の変化やその量的な関係を見いだして表現すること。

(5) 運動とエネルギー
　物体の運動とエネルギーについての観察，実験などを通して，次の事項を身に付けることができるよう指導する。
ア　物体の運動とエネルギーを日常生活や社会と関連付けながら，次のことを理解するとともに，それらの観察，実験などに関する技能を身に付けること。
　(ア)　力のつり合いと合成・分解
　　㋐　水中の物体に働く力
　　　　水圧についての実験を行い，その結果を水の重さと関連付けて理解すること。また，水中にある物体には浮力が働くことを知ること。
　　㋑　力の合成・分解
　　　　力の合成と分解についての実験を行い，合力や分力の規則性を理解すること。
　(イ)　運動の規則性
　　㋐　運動の速さと向き
　　　　物体の運動についての観察，実験を行い，運動には速さと向きがあることを知ること。
　　㋑　力と運動
　　　　物体に力が働く運動及び力が働かない運動についての観察，実験を行い，力が働く運動では運動の向きや時間の経過に伴って物体の速さが変わること及び力が働かない運動では物体は等速直線運動することを見いだして理解すること。
　(ウ)　力学的エネルギー
　　㋐　仕事とエネルギー
　　　　仕事に関する実験を行い，仕事と仕事率について理解すること。また，衝突の実験を行い，物体のもつ力学的エネルギーは物体が他の物体になしうる仕事で測れることを理解すること。
　　㋑　力学的エネルギーの保存

力学的エネルギーに関する実験を行い，運動エネルギーと位置エネルギーが相互に移り変わることを見いだして理解するとともに，力学的エネルギーの総量が保存されることを理解すること。

　　イ　運動とエネルギーについて，見通しをもって観察，実験などを行い，その結果を分析して解釈し，力のつり合い，合成や分解，物体の運動，力学的エネルギーの規則性や関係性を見いだして表現すること。また，探究の過程を振り返ること。

(6) 化学変化とイオン

　化学変化についての観察，実験などを通して，次の事項を身に付けることができるよう指導する。

　　ア　化学変化をイオンのモデルと関連付けながら，次のことを理解するとともに，それらの観察，実験などに関する技能を身に付けること。

　　(ｱ)　水溶液とイオン

　　　㋐　原子の成り立ちとイオン

　　　　水溶液に電圧をかけ電流を流す実験を行い，水溶液には電流が流れるものと流れないものとがあることを見いだして理解すること。また，電解質水溶液に電圧をかけ電流を流す実験を行い，電極に物質が生成することからイオンの存在を知るとともに，イオンの生成が原子の成り立ちに関係することを知ること。

　　　㋑　酸・アルカリ

　　　　酸とアルカリの性質を調べる実験を行い，酸とアルカリのそれぞれの特性が水素イオンと水酸化物イオンによることを知ること。

　　　㋒　中和と塩

　　　　中和反応の実験を行い，酸とアルカリを混ぜると水と塩が生成することを理解すること。

　　(ｲ)　化学変化と電池

　　　㋐　金属イオン

　　　　金属を電解質水溶液に入れる実験を行い，金属によってイオンへのなりやすさが異なることを見いだして理解すること。

　　　㋑　化学変化と電池

　　　　電解質水溶液と2種類の金属などを用いた実験を行い，電池の基本的な仕組みを理解するとともに，化学エネルギーが電気エネルギーに変換されていることを知ること。

　　イ　化学変化について，見通しをもって観察，実験などを行い，イオンと関連付けてその結果を分析して解釈し，化学変化における規則性や関係性を見いだして表現すること。また，探究の過程を振り返ること。

(7) 科学技術と人間

　科学技術と人間との関わりについての観察，実験などを通して，次の事項を身に付けることができるよう指導する。

　　ア　日常生活や社会と関連付けながら，次のことを理解するとともに，それらの観察，実験などに関する技能を身に付けること。

　　(ｱ)　エネルギーと物質

　　　㋐　エネルギーとエネルギー資源

　　　　様々なエネルギーとその変換に関する観察，実験などを通して，日常生活や社会では様々なエネルギーの変換を利用していることを見いだして理解すること。また，人間は，水力，火力，原子力，太陽光などからエネルギーを得ていることを知るとともに，

エネルギー資源の有効な利用が大切であることを認識すること。
　㋑　様々な物質とその利用
　　　物質に関する観察，実験などを通して，日常生活や社会では，様々な物質が幅広く利用されていることを理解するとともに，物質の有効な利用が大切であることを認識すること。
　㋒　科学技術の発展
　　　科学技術の発展の過程を知るとともに，科学技術が人間の生活を豊かで便利にしていることを認識すること。
(イ)　自然環境の保全と科学技術の利用
　㋐　自然環境の保全と科学技術の利用
　　　自然環境の保全と科学技術の利用の在り方について科学的に考察することを通して，持続可能な社会をつくることが重要であることを認識すること。
　イ　日常生活や社会で使われているエネルギーや物質について，見通しをもって観察，実験などを行い，その結果を分析して解釈するとともに，自然環境の保全と科学技術の利用の在り方について，科学的に考察して判断すること。

3　内容の取扱い

(1)　内容の(1)から(7)までについては，それぞれのアに示す知識及び技能とイに示す思考力，判断力，表現力等とを相互に関連させながら，3年間を通じて科学的に探究するために必要な資質・能力の育成を目指すものとする。

(2)　内容の(1)から(7)までのうち，(1)及び(2)は第1学年，(3)及び(4)は第2学年，(5)から(7)までは第3学年で取り扱うものとする。

(3)　内容の(1)については，次のとおり取り扱うものとする。
　ア　アの(ア)の㋐については，全反射も扱い，光の屈折では入射角と屈折角の定性的な関係にも触れること。また，白色光はプリズムなどによっていろいろな色の光に分かれることにも触れること。
　イ　アの(ア)の㋑については，物体の位置に対する像の位置や像の大きさの定性的な関係を調べること。その際，実像と虚像を扱うこと。
　ウ　アの(ア)の㋒については，音の伝わる速さについて，空気中を伝わるおよその速さにも触れること。
　エ　アの(イ)の㋐については，ばねに加える力の大きさとばねの伸びとの関係も扱うこと。また，重さと質量との違いにも触れること。力の単位としては「ニュートン」を用いること。

(4)　内容の(2)については，次のとおり取り扱うものとする。
　ア　アの(ア)の㋐については，有機物と無機物との違いや金属と非金属との違いを扱うこと。
　イ　アの(ア)の㋑については，異なる方法を用いても同一の気体が得られることにも触れること。
　ウ　アの(イ)の㋐については，粒子のモデルと関連付けて扱い，質量パーセント濃度にも触れること。また，「溶解度」については，溶解度曲線にも触れること。
　エ　アの(ウ)の㋐については，粒子のモデルと関連付けて扱うこと。その際，粒子の運動にも触れること。

(5)　内容の(3)については，次のとおり取り扱うものとする。
　ア　アの(ア)の㋐の「回路」については，直列及び並列の回路を取り上げ，それぞれについて二つの抵抗のつなぎ方を中心に扱うこと。

付録4

イ　アの(ア)の④の「電気抵抗」については，物質の種類によって抵抗の値が異なることを扱うこと。また，二つの抵抗をつなぐ場合の合成抵抗にも触れること。

　ウ　アの(ア)の⑰については，電力量も扱うこと。その際，熱量にも触れること。

　エ　アの(ア)の㊃については，電流が電子の流れに関係していることを扱うこと。また，真空放電と関連付けながら放射線の性質と利用にも触れること。

　オ　アの(イ)の④については，電流の向きや磁界の向きを変えたときに力の向きが変わることを扱うこと。

　カ　アの(イ)の⑰については，コイルや磁石を動かす向きを変えたときに電流の向きが変わることを扱うこと。

(6) 内容の(4)については，次のとおり取り扱うものとする。

　ア　アの(ア)の④の「物質を構成する原子の種類」を元素ということにも触れること。また，「記号」については，元素記号で表されることにも触れ，基礎的なものを取り上げること。その際，周期表を用いて多くの種類が存在することにも触れること。

　イ　アの(イ)の⑦の「化学式」及び「化学反応式」については，簡単なものを扱うこと。

　ウ　アの(イ)の④の「酸化や還元」については，簡単なものを扱うこと。

(7) 内容の(5)については，次のとおり取り扱うものとする。

　ア　アの(ア)の⑦については，水中にある物体には，あらゆる向きから圧力が働くことにも触れること。また，物体に働く水圧と浮力との定性的な関係にも触れること。

　イ　アの(イ)の⑦については，物体に力が働くとき反対向きにも力が働くことにも触れること。

　ウ　アの(イ)の④の「力が働く運動」のうち，落下運動については斜面に沿った運動を中心に扱うこと。その際，斜面の角度が90度になったときに自由落下になることにも触れること。「物体の速さが変わること」については，定性的に扱うこと。

　エ　アの(ウ)の⑦については，仕事の原理にも触れること。

　オ　アの(ウ)の④については，摩擦にも触れること。

(8) 内容の(6)については，次のとおり取り扱うものとする。

　ア　アの(ア)の⑦の「原子の成り立ち」については，原子が電子と原子核からできていることを扱うこと。その際，原子核が陽子と中性子でできていることや，同じ元素でも中性子の数が異なる原子があることにも触れること。また，「イオン」については，化学式で表されることにも触れること。

　イ　アの(ア)の④については，pHにも触れること。

　ウ　アの(ア)の⑰については，水に溶ける塩と水に溶けない塩があることにも触れること。

　エ　アの(イ)の⑦の「金属イオン」については，基礎的なものを扱うこと。

　オ　アの(イ)の④の「電池」については，電極で起こる反応をイオンのモデルと関連付けて扱うこと。その際，「電池の基本的な仕組み」については，ダニエル電池を取り上げること。また，日常生活や社会で利用されている代表的な電池にも触れること。

(9) 内容の(7)については，次のとおり取り扱うものとする。

　ア　アの(ア)の⑦については，熱の伝わり方，放射線にも触れること。また，「エネルギーの変換」については，その総量が保存されること及びエネルギーを利用する際の効率も扱うこと。

　イ　アの(ア)の④の「様々な物質」については，天然の物質や人工的につくられた物質のうち代表的なものを扱うこと。その際，プラスチックの性質にも触れること。

　ウ　アの(イ)の⑦については，これまでの第1分野と第2分野の学習を生かし，第2分野の内容の(7)のアの(イ)の⑦及びイと関連付けて総合的に扱うこと。

付録4

〔第2分野〕
1　目　標

　生命や地球に関する事物・現象を科学的に探究するために必要な資質・能力を次のとおり育成することを目指す。

(1) 生命や地球に関する事物・現象についての観察，実験などを行い，生物の体のつくりと働き，生命の連続性，大地の成り立ちと変化，気象とその変化，地球と宇宙などについて理解するとともに，科学的に探究するために必要な観察，実験などに関する基本的な技能を身に付けるようにする。

(2) 生命や地球に関する事物・現象に関わり，それらの中に問題を見いだし見通しをもって観察，実験などを行い，その結果を分析して解釈し表現するなど，科学的に探究する活動を通して，多様性に気付くとともに規則性を見いだしたり課題を解決したりする力を養う。

(3) 生命や地球に関する事物・現象に進んで関わり，科学的に探究しようとする態度と，生命を尊重し，自然環境の保全に寄与する態度を養うとともに，自然を総合的に見ることができるようにする。

2　内　容

(1) いろいろな生物とその共通点

　　身近な生物についての観察，実験などを通して，次の事項を身に付けることができるよう指導する。

　ア　いろいろな生物の共通点と相違点に着目しながら，次のことを理解するとともに，それらの観察，実験などに関する技能を身に付けること。

　　(ｱ)　生物の観察と分類の仕方

　　　㋐　生物の観察

　　　　校庭や学校周辺の生物の観察を行い，いろいろな生物が様々な場所で生活していることを見いだして理解するとともに，観察器具の操作，観察記録の仕方などの技能を身に付けること。

　　　㋑　生物の特徴と分類の仕方

　　　　いろいろな生物を比較して見いだした共通点や相違点を基にして分類できることを理解するとともに，分類の仕方の基礎を身に付けること。

　　(ｲ)　生物の体の共通点と相違点

　　　㋐　植物の体の共通点と相違点

　　　　身近な植物の外部形態の観察を行い，その観察記録などに基づいて，共通点や相違点があることを見いだして，植物の体の基本的なつくりを理解すること。また，その共通点や相違点に基づいて植物が分類できることを見いだして理解すること。

　　　㋑　動物の体の共通点と相違点

　　　　身近な動物の外部形態の観察を行い，その観察記録などに基づいて，共通点や相違点があることを見いだして，動物の体の基本的なつくりを理解すること。また，その共通点や相違点に基づいて動物が分類できることを見いだして理解すること。

　イ　身近な生物についての観察，実験などを通して，いろいろな生物の共通点や相違点を見いだすとともに，生物を分類するための観点や基準を見いだして表現すること。

(2) 大地の成り立ちと変化

　　大地の成り立ちと変化についての観察，実験などを通して，次の事項を身に付けることができるよう指導する。

ア　大地の成り立ちと変化を地表に見られる様々な事物・現象と関連付けながら，次のことを理解するとともに，それらの観察，実験などに関する技能を身に付けること。
　　　(ｱ)　身近な地形や地層，岩石の観察
　　　　㋐　身近な地形や地層，岩石の観察
　　　　　　身近な地形や地層，岩石などの観察を通して，土地の成り立ちや広がり，構成物などについて理解するとともに，観察器具の操作，記録の仕方などの技能を身に付けること。
　　　(ｲ)　地層の重なりと過去の様子
　　　　㋐　地層の重なりと過去の様子
　　　　　　地層の様子やその構成物などから地層のでき方を考察し，重なり方や広がり方についての規則性を見いだして理解するとともに，地層とその中の化石を手掛かりとして過去の環境と地質年代を推定できることを理解すること。
　　　(ｳ)　火山と地震
　　　　㋐　火山活動と火成岩
　　　　　　火山の形，活動の様子及びその噴出物を調べ，それらを地下のマグマの性質と関連付けて理解するとともに，火山岩と深成岩の観察を行い，それらの組織の違いを成因と関連付けて理解すること。
　　　　㋑　地震の伝わり方と地球内部の働き
　　　　　　地震の体験や記録を基に，その揺れの大きさや伝わり方の規則性に気付くとともに，地震の原因を地球内部の働きと関連付けて理解し，地震に伴う土地の変化の様子を理解すること。
　　　(ｴ)　自然の恵みと火山災害・地震災害
　　　　㋐　自然の恵みと火山災害・地震災害
　　　　　　自然がもたらす恵み及び火山災害と地震災害について調べ，これらを火山活動や地震発生の仕組みと関連付けて理解すること。
　　イ　大地の成り立ちと変化について，問題を見いだし見通しをもって観察，実験などを行い，地層の重なり方や広がり方の規則性，地下のマグマの性質と火山の形との関係性などを見いだして表現すること。
　(3)　生物の体のつくりと働き
　　　生物の体のつくりと働きについての観察，実験などを通して，次の事項を身に付けることができるよう指導する。
　　ア　生物の体のつくりと働きとの関係に着目しながら，次のことを理解するとともに，それらの観察，実験などに関する技能を身に付けること。
　　　(ｱ)　生物と細胞
　　　　㋐　生物と細胞
　　　　　　生物の組織などの観察を行い，生物の体が細胞からできていること及び植物と動物の細胞のつくりの特徴を見いだして理解するとともに，観察器具の操作，観察記録の仕方などの技能を身に付けること。
　　　(ｲ)　植物の体のつくりと働き
　　　　㋐　葉・茎・根のつくりと働き
　　　　　　植物の葉，茎，根のつくりについての観察を行い，それらのつくりと，光合成，呼吸，蒸散の働きに関する実験の結果とを関連付けて理解すること。
　　　(ｳ)　動物の体のつくりと働き

㋗　生命を維持する働き
　　　　消化や呼吸についての観察，実験などを行い，動物の体が必要な物質を取り入れ運搬している仕組みを観察，実験の結果などと関連付けて理解すること。また，不要となった物質を排出する仕組みがあることについて理解すること。
　㋘　刺激と反応
　　　　動物が外界の刺激に適切に反応している様子の観察を行い，その仕組みを感覚器官，神経系及び運動器官のつくりと関連付けて理解すること。
イ　身近な植物や動物の体のつくりと働きについて，見通しをもって解決する方法を立案して観察，実験などを行い，その結果を分析して解釈し，生物の体のつくりと働きについての規則性や関係性を見いだして表現すること。

(4) 気象とその変化
　　身近な気象の観察，実験などを通して，次の事項を身に付けることができるよう指導する。
ア　気象要素と天気の変化との関係に着目しながら，次のことを理解するとともに，それらの観察，実験などに関する技能を身に付けること。
　(ア)　気象観測
　　㋐　気象要素
　　　　気象要素として，気温，湿度，気圧，風向などを理解すること。また，気圧を取り上げ，圧力についての実験を行い，圧力は力の大きさと面積に関係があることを見いだして理解するとともに，大気圧の実験を行い，その結果を空気の重さと関連付けて理解すること。
　　㋑　気象観測
　　　　校庭などで気象観測を継続的に行い，その観測記録などに基づいて，気温，湿度，気圧，風向などの変化と天気との関係を見いだして理解するとともに，観測方法や記録の仕方を身に付けること。
　(イ)　天気の変化
　　㋐　霧や雲の発生
　　　　霧や雲の発生についての観察，実験を行い，そのでき方を気圧，気温及び湿度の変化と関連付けて理解すること。
　　㋑　前線の通過と天気の変化
　　　　前線の通過に伴う天気の変化の観測結果などに基づいて，その変化を暖気，寒気と関連付けて理解すること。
　(ウ)　日本の気象
　　㋐　日本の天気の特徴
　　　　天気図や気象衛星画像などから，日本の天気の特徴を気団と関連付けて理解すること。
　　㋑　大気の動きと海洋の影響
　　　　気象衛星画像や調査記録などから，日本の気象を日本付近の大気の動きや海洋の影響に関連付けて理解すること。
　(エ)　自然の恵みと気象災害
　　㋐　自然の恵みと気象災害
　　　　気象現象がもたらす恵みと気象災害について調べ，これらを天気の変化や日本の気象と関連付けて理解すること。
イ　気象とその変化について，見通しをもって解決する方法を立案して観察，実験などを行

い，その結果を分析して解釈し，天気の変化や日本の気象についての規則性や関係性を見いだして表現すること。
(5) 生命の連続性
　　生命の連続性についての観察，実験などを通して，次の事項を身に付けることができるよう指導する。
　ア　生命の連続性に関する事物・現象の特徴に着目しながら，次のことを理解するとともに，それらの観察，実験などに関する技能を身に付けること。
　　(ｱ)　生物の成長と殖え方
　　　㋐　細胞分裂と生物の成長
　　　　　体細胞分裂の観察を行い，その順序性を見いだして理解するとともに，細胞の分裂と生物の成長とを関連付けて理解すること。
　　　㋑　生物の殖え方
　　　　　生物の殖え方を観察し，有性生殖と無性生殖の特徴を見いだして理解するとともに，生物が殖えていくときに親の形質が子に伝わることを見いだして理解すること。
　　(ｲ)　遺伝の規則性と遺伝子
　　　㋐　遺伝の規則性と遺伝子
　　　　　交配実験の結果などに基づいて，親の形質が子に伝わるときの規則性を見いだして理解すること。
　　(ｳ)　生物の種類の多様性と進化
　　　㋐　生物の種類の多様性と進化
　　　　　現存の生物及び化石の比較などを通して，現存の多様な生物は過去の生物が長い時間の経過の中で変化して生じてきたものであることを体のつくりと関連付けて理解すること。
　イ　生命の連続性について，観察，実験などを行い，その結果や資料を分析して解釈し，生物の成長と殖え方，遺伝現象，生物の種類の多様性と進化についての特徴や規則性を見いだして表現すること。また，探究の過程を振り返ること。
(6) 地球と宇宙
　　身近な天体の観察，実験などを通して，次の事項を身に付けることができるよう指導する。
　ア　身近な天体とその運動に関する特徴に着目しながら，次のことを理解するとともに，それらの観察，実験などに関する技能を身に付けること。
　　(ｱ)　天体の動きと地球の自転・公転
　　　㋐　日周運動と自転
　　　　　天体の日周運動の観察を行い，その観察記録を地球の自転と関連付けて理解すること。
　　　㋑　年周運動と公転
　　　　　星座の年周運動や太陽の南中高度の変化などの観察を行い，その観察記録を地球の公転や地軸の傾きと関連付けて理解すること。
　　(ｲ)　太陽系と恒星
　　　㋐　太陽の様子
　　　　　太陽の観察を行い，その観察記録や資料に基づいて，太陽の特徴を見いだして理解すること。
　　　㋑　惑星と恒星
　　　　　観測資料などを基に，惑星と恒星などの特徴を見いだして理解するとともに，太陽系

　　　　　の構造について理解すること。
　　　　㋒　月や金星の運動と見え方
　　　　　　月の観察を行い，その観察記録や資料に基づいて，月の公転と見え方を関連付けて理解すること。また，金星の観測資料などを基に，金星の公転と見え方を関連付けて理解すること。
　　イ　地球と宇宙について，天体の観察，実験などを行い，その結果や資料を分析して解釈し，天体の運動と見え方についての特徴や規則性を見いだして表現すること。また，探究の過程を振り返ること。
(7) 自然と人間
　　自然環境を調べる観察，実験などを通して，次の事項を身に付けることができるよう指導する。
　　ア　日常生活や社会と関連付けながら，次のことを理解するとともに，自然環境を調べる観察，実験などに関する技能を身に付けること。
　　　(ｱ)　生物と環境
　　　　㋐　自然界のつり合い
　　　　　　微生物の働きを調べ，植物，動物及び微生物を栄養の面から相互に関連付けて理解するとともに，自然界では，これらの生物がつり合いを保って生活していることを見いだして理解すること。
　　　　㋑　自然環境の調査と環境保全
　　　　　　身近な自然環境について調べ，様々な要因が自然界のつり合いに影響していることを理解するとともに，自然環境を保全することの重要性を認識すること。
　　　　㋒　地域の自然災害
　　　　　　地域の自然災害について，総合的に調べ，自然と人間との関わり方について認識すること。
　　　(ｲ)　自然環境の保全と科学技術の利用
　　　　㋐　自然環境の保全と科学技術の利用
　　　　　　自然環境の保全と科学技術の利用の在り方について科学的に考察することを通して，持続可能な社会をつくることが重要であることを認識すること。
　　イ　身近な自然環境や地域の自然災害などを調べる観察，実験などを行い，自然環境の保全と科学技術の利用の在り方について，科学的に考察して判断すること。

3　内容の取扱い
(1) 内容の(1)から(7)までについては，それぞれのアに示す知識及び技能とイに示す思考力，判断力，表現力等とを相互に関連させながら，3年間を通じて科学的に探究するために必要な資質・能力の育成を目指すものとする。
(2) 内容の(1)から(7)までのうち，(1)及び(2)は第1学年，(3)及び(4)は第2学年，(5)から(7)までは第3学年で取り扱うものとする。
(3) 内容の(1)については，次のとおり取り扱うものとする。
　　ア　アの(ｱ)の㋐については，身近な生物の観察を扱うが，ルーペや双眼実体顕微鏡などを用いて，外見から観察できる体のつくりを中心に扱うこと。
　　イ　アの(ｲ)の㋐については，花のつくりを中心に扱い，種子植物が被子植物と裸子植物に分類できることを扱うこと。その際，胚珠が種子になることにも触れること。また，被子植物が単子葉類と双子葉類に分類できることについては，葉のつくりを中心に扱うこと。なお，

種子をつくらない植物が胞子をつくることにも触れること。
　　ウ　アの(イ)の④については，脊椎動物と無脊椎動物の違いを中心に扱うこと。脊椎動物については，ヒトや魚を例に，体のつくりの共通点としての背骨の存在について扱うこと。また，体の表面の様子や呼吸の仕方などの特徴を基準として分類できることを扱うこと。無脊椎動物については，節足動物や軟体動物の観察を行い，それらの動物と脊椎動物の体のつくりの特徴を比較し，その共通点と相違点を扱うこと。
(4) 内容の(2)については，次のとおり取り扱うものとする。
　　ア　アの(ア)の⑦の「身近な地形や地層，岩石などの観察」については，学校内外の地形や地層，岩石などを観察する活動とすること。
　　イ　アの(イ)の⑦については，地層を形成している代表的な堆積岩も取り上げること。「地層」については，断層，褶曲にも触れること。「化石」については，示相化石及び示準化石を取り上げること。「地質年代」の区分は，古生代，中生代，新生代を取り上げること。
　　ウ　アの(ウ)の⑦の「火山」については，粘性と関係付けながら代表的な火山を扱うこと。「マグマの性質」については，粘性を扱うこと。「火山岩」及び「深成岩」については，代表的な岩石を扱うこと。また，代表的な造岩鉱物も扱うこと。
　　エ　アの(ウ)の④については，地震の現象面を中心に扱い，初期微動継続時間と震源までの距離との定性的な関係にも触れること。また，「地球内部の働き」については，日本付近のプレートの動きを中心に扱い，地球規模でのプレートの動きにも触れること。その際，津波発生の仕組みについても触れること。
　　オ　アの(エ)の⑦の「火山災害と地震災害」については，記録や資料などを用いて調べること。
(5) 内容の(3)については，次のとおり取り扱うものとする。
　　ア　アの(ア)の⑦については，植物と動物の細胞のつくりの共通点と相違点について触れること。また，細胞の呼吸及び単細胞生物の存在にも触れること。
　　イ　アの(イ)の⑦については，光合成における葉緑体の働きにも触れること。また，葉，茎，根の働きを相互に関連付けて扱うこと。
　　ウ　アの(ウ)の⑦については，各器官の働きを中心に扱うこと。「消化」については，代表的な消化酵素の働きを扱うこと。また，摂取された食物が消化によって小腸の壁から吸収される物質になることにも触れること。血液の循環に関連して，血液成分の働き，腎臓や肝臓の働きにも触れること。
　　エ　アの(ウ)の④については，各器官の働きを中心に扱うこと。
(6) 内容の(4)については，次のとおり取り扱うものとする。
　　ア　アの(ア)の⑦の「大気圧」については，空気中にある物体にはあらゆる向きから圧力が働くことにも触れること。
　　イ　アの(イ)の⑦については，気温による飽和水蒸気量の変化が湿度の変化や凝結に関わりがあることを扱うこと。また，水の循環にも触れること。
　　ウ　アの(イ)の④については，風の吹き方にも触れること。
　　エ　アの(ウ)の④については，地球を取り巻く大気の動きにも触れること。また，地球の大きさや大気の厚さにも触れること。
　　オ　アの(エ)の⑦の「気象災害」については，記録や資料などを用いて調べること。
(7) 内容の(5)については，次のとおり取り扱うものとする。
　　ア　アの(ア)の⑦については，染色体が複製されることにも触れること。
　　イ　アの(ア)の④については，有性生殖の仕組みを減数分裂と関連付けて扱うこと。「無性生殖」については，単細胞生物の分裂や栄養生殖にも触れること。

ウ アの(イ)の㋐については，分離の法則を扱うこと。また，遺伝子の本体がDNAであることにも触れること。

エ アの(ウ)の㋐については，進化の証拠とされる事柄や進化の具体例について扱うこと。その際，生物にはその生息環境での生活に都合のよい特徴が見られることにも触れること。また，遺伝子に変化が起きて形質が変化することがあることにも触れること。

(8) 内容の(6)については，次のとおり取り扱うものとする。

ア アの(ア)の㋑の「太陽の南中高度の変化」については，季節による昼夜の長さや気温の変化にも触れること。

イ アの(イ)の㋐の「太陽の特徴」については，形，大きさ，表面の様子などを扱うこと。その際，太陽から放出された多量の光などのエネルギーによる地表への影響にも触れること。

ウ アの(イ)の㋑の「惑星」については，大きさ，大気組成，表面温度，衛星の存在などを取り上げること。その際，地球には生命を支える条件が備わっていることにも触れること。「恒星」については，自ら光を放つことや太陽もその一つであることも扱うこと。その際，恒星の集団としての銀河系の存在にも触れること。「太陽系の構造」については，惑星以外の天体が存在することにも触れること。

エ アの(イ)の㋒の「月の公転と見え方」については，月の運動と満ち欠けを扱うこと。その際，日食や月食にも触れること。また，「金星の公転と見え方」については，金星の運動と満ち欠けや見かけの大きさを扱うこと。

(9) 内容の(7)については，次のとおり取り扱うものとする。

ア アの(ア)の㋐については，生態系における生産者と消費者との関係を扱うこと。また，分解者の働きについても扱うこと。その際，土壌動物にも触れること。

イ アの(ア)の㋑については，生物や大気，水などの自然環境を直接調べたり，記録や資料を基に調べたりするなどの活動を行うこと。また，気候変動や外来生物にも触れること。

ウ アの(ア)の㋒については，地域の自然災害を調べたり，記録や資料を基に調べたりするなどの活動を行うこと。

エ アの(イ)の㋐については，これまでの第1分野と第2分野の学習を生かし，第1分野の内容の(7)のアの(イ)の㋐及びイと関連付けて総合的に扱うこと。

● 第3　指導計画の作成と内容の取扱い

1 指導計画の作成に当たっては，次の事項に配慮するものとする。

(1) 単元など内容や時間のまとまりを見通して，その中で育む資質・能力の育成に向けて，生徒の主体的・対話的で深い学びの実現を図るようにすること。その際，理科の学習過程の特質を踏まえ，理科の見方・考え方を働かせ，見通しをもって観察，実験を行うことなどの科学的に探究する学習活動の充実を図ること。

(2) 各学年においては，年間を通じて，各分野におよそ同程度の授業時数を配当すること。その際，各分野間及び各項目間の関連を十分考慮して，各分野の特徴的な見方・考え方を総合的に働かせ，自然の事物・現象を科学的に探究するために必要な資質・能力を養うことができるようにすること。

(3) 学校や生徒の実態に応じ，十分な観察や実験の時間，課題解決のために探究する時間などを設けるようにすること。その際，問題を見いだし観察，実験を計画する学習活動，観察，実験の結果を分析し解釈する学習活動，科学的な概念を使用して考えたり説明したりする学習活動などが充実するようにすること。

(4) 日常生活や他教科等との関連を図ること。

(5) 障害のある生徒などについては，学習活動を行う場合に生じる困難さに応じた指導内容や指導方法の工夫を計画的，組織的に行うこと。

(6) 第1章総則の第1の2の(2)に示す道徳教育の目標に基づき，道徳科などとの関連を考慮しながら，第3章特別の教科道徳の第2に示す内容について，理科の特質に応じて適切な指導をすること。

2　第2の内容の取扱いについては，次の事項に配慮するものとする。

(1) 観察，実験，野外観察を重視するとともに，地域の環境や学校の実態を生かし，自然の事物・現象についての基本的な概念の形成及び科学的に探究する力と態度の育成が段階的に無理なく行えるようにすること。

(2) 生命を尊重し，自然環境の保全に寄与する態度を養うようにすること。

(3) 1の(3)の学習活動を通して，言語活動が充実するようにすること。

(4) 各分野の指導に当たっては，観察，実験の過程での情報の検索，実験，データの処理，実験の計測などにおいて，コンピュータや情報通信ネットワークなどを積極的かつ適切に活用するようにすること。

(5) 指導に当たっては，生徒が学習の見通しを立てたり学習したことを振り返ったりする活動を計画的に取り入れるよう工夫すること。

(6) 原理や法則の理解を深めるためのものづくりを，各内容の特質に応じて適宜行うようにすること。

(7) 継続的な観察や季節を変えての定点観測を，各内容の特質に応じて適宜行うようにすること。

(8) 観察，実験，野外観察などの体験的な学習活動の充実に配慮すること。また，環境整備に十分配慮すること。

(9) 博物館や科学学習センターなどと積極的に連携，協力を図るようにすること。

(10) 科学技術が日常生活や社会を豊かにしていることや安全性の向上に役立っていることに触れること。また，理科で学習することが様々な職業などと関係していることにも触れること。

3　観察，実験，野外観察の指導に当たっては，特に事故防止に十分留意するとともに，使用薬品の管理及び廃棄についても適切な措置をとるよう配慮するものとする。

小学校学習指導要領　第3章　特別の教科　道徳

● 第1　目標

　第1章総則の第1の2の(2)に示す道徳教育の目標に基づき，よりよく生きるための基盤となる道徳性を養うため，道徳的諸価値についての理解を基に，自己を見つめ，物事を多面的・多角的に考え，自己の生き方についての考えを深める学習を通して，道徳的な判断力，心情，実践意欲と態度を育てる。

● 第2　内容

　学校の教育活動全体を通じて行う道徳教育の要である道徳科においては，以下に示す項目について扱う。

A　主として自分自身に関すること

［善悪の判断，自律，自由と責任］

〔第1学年及び第2学年〕
　　よいことと悪いこととの区別をし，よいと思うことを進んで行うこと。

〔第3学年及び第4学年〕
　　正しいと判断したことは，自信をもって行うこと。

〔第5学年及び第6学年〕
　　自由を大切にし，自律的に判断し，責任のある行動をすること。

［正直，誠実］

〔第1学年及び第2学年〕
　　うそをついたりごまかしをしたりしないで，素直に伸び伸びと生活すること。

〔第3学年及び第4学年〕
　　過ちは素直に改め，正直に明るい心で生活すること。

〔第5学年及び第6学年〕
　　誠実に，明るい心で生活すること。

［節度，節制］

〔第1学年及び第2学年〕
　　健康や安全に気を付け，物や金銭を大切にし，身の回りを整え，わがままをしないで，規則正しい生活をすること。

〔第3学年及び第4学年〕
　　自分でできることは自分でやり，安全に気を付け，よく考えて行動し，節度のある生活をすること。

〔第5学年及び第6学年〕
　　安全に気を付けることや，生活習慣の大切さについて理解し，自分の生活を見直し，節度を守り節制に心掛けること。

［個性の伸長］

〔第1学年及び第2学年〕
　　自分の特徴に気付くこと。

〔第3学年及び第4学年〕
　　自分の特徴に気付き，長所を伸ばすこと。

〔第5学年及び第6学年〕
　　自分の特徴を知って，短所を改め長所を伸ばすこと。
［希望と勇気，努力と強い意志］
〔第1学年及び第2学年〕
　　自分のやるべき勉強や仕事をしっかりと行うこと。
〔第3学年及び第4学年〕
　　自分でやろうと決めた目標に向かって，強い意志をもち，粘り強くやり抜くこと。
〔第5学年及び第6学年〕
　　より高い目標を立て，希望と勇気をもち，困難があってもくじけずに努力して物事をやり抜くこと。
［真理の探究］
〔第5学年及び第6学年〕
　　真理を大切にし，物事を探究しようとする心をもつこと。

B　主として人との関わりに関すること

［親切，思いやり］
〔第1学年及び第2学年〕
　　身近にいる人に温かい心で接し，親切にすること。
〔第3学年及び第4学年〕
　　相手のことを思いやり，進んで親切にすること。
〔第5学年及び第6学年〕
　　誰に対しても思いやりの心をもち，相手の立場に立って親切にすること。
［感謝］
〔第1学年及び第2学年〕
　　家族など日頃世話になっている人々に感謝すること。
〔第3学年及び第4学年〕
　　家族など生活を支えてくれている人々や現在の生活を築いてくれた高齢者に，尊敬と感謝の気持ちをもって接すること。
〔第5学年及び第6学年〕
　　日々の生活が家族や過去からの多くの人々の支え合いや助け合いで成り立っていることに感謝し，それに応えること。
［礼儀］
〔第1学年及び第2学年〕
　　気持ちのよい挨拶，言葉遣い，動作などに心掛けて，明るく接すること。
〔第3学年及び第4学年〕
　　礼儀の大切さを知り，誰に対しても真心をもって接すること。
〔第5学年及び第6学年〕
　　時と場をわきまえて，礼儀正しく真心をもって接すること。
［友情，信頼］
〔第1学年及び第2学年〕
　　友達と仲よくし，助け合うこと。
〔第3学年及び第4学年〕
　　友達と互いに理解し，信頼し，助け合うこと。

〔第5学年及び第6学年〕
　友達と互いに信頼し，学び合って友情を深め，異性についても理解しながら，人間関係を築いていくこと。

[相互理解，寛容]

〔第3学年及び第4学年〕
　自分の考えや意見を相手に伝えるとともに，相手のことを理解し，自分と異なる意見も大切にすること。

〔第5学年及び第6学年〕
　自分の考えや意見を相手に伝えるとともに，謙虚な心をもち，広い心で自分と異なる意見や立場を尊重すること。

C　主として集団や社会との関わりに関すること

[規則の尊重]

〔第1学年及び第2学年〕
　約束やきまりを守り，みんなが使う物を大切にすること。

〔第3学年及び第4学年〕
　約束や社会のきまりの意義を理解し，それらを守ること。

〔第5学年及び第6学年〕
　法やきまりの意義を理解した上で進んでそれらを守り，自他の権利を大切にし，義務を果たすこと。

[公正，公平，社会正義]

〔第1学年及び第2学年〕
　自分の好き嫌いにとらわれないで接すること。

〔第3学年及び第4学年〕
　誰に対しても分け隔てをせず，公正，公平な態度で接すること。

〔第5学年及び第6学年〕
　誰に対しても差別をすることや偏見をもつことなく，公正，公平な態度で接し，正義の実現に努めること。

[勤労，公共の精神]

〔第1学年及び第2学年〕
　働くことのよさを知り，みんなのために働くこと。

〔第3学年及び第4学年〕
　働くことの大切さを知り，進んでみんなのために働くこと。

〔第5学年及び第6学年〕
　働くことや社会に奉仕することの充実感を味わうとともに，その意義を理解し，公共のために役に立つことをすること。

[家族愛，家庭生活の充実]

〔第1学年及び第2学年〕
　父母，祖父母を敬愛し，進んで家の手伝いなどをして，家族の役に立つこと。

〔第3学年及び第4学年〕
　父母，祖父母を敬愛し，家族みんなで協力し合って楽しい家庭をつくること。

〔第5学年及び第6学年〕
　父母，祖父母を敬愛し，家族の幸せを求めて，進んで役に立つことをすること。

［よりよい学校生活，集団生活の充実］
〔第1学年及び第2学年〕
先生を敬愛し，学校の人々に親しんで，学級や学校の生活を楽しくすること。
〔第3学年及び第4学年〕
先生や学校の人々を敬愛し，みんなで協力し合って楽しい学級や学校をつくること。
〔第5学年及び第6学年〕
先生や学校の人々を敬愛し，みんなで協力し合ってよりよい学級や学校をつくるとともに，様々な集団の中での自分の役割を自覚して集団生活の充実に努めること。

［伝統と文化の尊重，国や郷土を愛する態度］
〔第1学年及び第2学年〕
我が国や郷土の文化と生活に親しみ，愛着をもつこと。
〔第3学年及び第4学年〕
我が国や郷土の伝統と文化を大切にし，国や郷土を愛する心をもつこと。
〔第5学年及び第6学年〕
我が国や郷土の伝統と文化を大切にし，先人の努力を知り，国や郷土を愛する心をもつこと。

［国際理解，国際親善］
〔第1学年及び第2学年〕
他国の人々や文化に親しむこと。
〔第3学年及び第4学年〕
他国の人々や文化に親しみ，関心をもつこと。
〔第5学年及び第6学年〕
他国の人々や文化について理解し，日本人としての自覚をもって国際親善に努めること。

D　主として生命や自然，崇高なものとの関わりに関すること

［生命の尊さ］
〔第1学年及び第2学年〕
生きることのすばらしさを知り，生命を大切にすること。
〔第3学年及び第4学年〕
生命の尊さを知り，生命あるものを大切にすること。
〔第5学年及び第6学年〕
生命が多くの生命のつながりの中にあるかけがえのないものであることを理解し，生命を尊重すること。

［自然愛護］
〔第1学年及び第2学年〕
身近な自然に親しみ，動植物に優しい心で接すること。
〔第3学年及び第4学年〕
自然のすばらしさや不思議さを感じ取り，自然や動植物を大切にすること。
〔第5学年及び第6学年〕
自然の偉大さを知り，自然環境を大切にすること。

［感動，畏敬の念］
〔第1学年及び第2学年〕
美しいものに触れ，すがすがしい心をもつこと。

〔第3学年及び第4学年〕
　　美しいものや気高いものに感動する心をもつこと。
〔第5学年及び第6学年〕
　　美しいものや気高いものに感動する心や人間の力を超えたものに対する畏敬の念をもつこと。

［よりよく生きる喜び］
〔第5学年及び第6学年〕
　　よりよく生きようとする人間の強さや気高さを理解し，人間として生きる喜びを感じること。

●第3　指導計画の作成と内容の取扱い

1　各学校においては，道徳教育の全体計画に基づき，各教科，外国語活動，総合的な学習の時間及び特別活動との関連を考慮しながら，道徳科の年間指導計画を作成するものとする。なお，作成に当たっては，第2に示す各学年段階の内容項目について，相当する各学年において全て取り上げることとする。その際，児童や学校の実態に応じ，2学年間を見通した重点的な指導や内容項目間の関連を密にした指導，一つの内容項目を複数の時間で扱う指導を取り入れるなどの工夫を行うものとする。

2　第2の内容の指導に当たっては，次の事項に配慮するものとする。
 (1)　校長や教頭などの参加，他の教師との協力的な指導などについて工夫し，道徳教育推進教師を中心とした指導体制を充実すること。
 (2)　道徳科が学校の教育活動全体を通じて行う道徳教育の要としての役割を果たすことができるよう，計画的・発展的な指導を行うこと。特に，各教科，外国語活動，総合的な学習の時間及び特別活動における道徳教育としては取り扱う機会が十分でない内容項目に関わる指導を補うことや，児童や学校の実態等を踏まえて指導をより一層深めること，内容項目の相互の関連を捉え直したり発展させたりすることに留意すること。
 (3)　児童が自ら道徳性を養う中で，自らを振り返って成長を実感したり，これからの課題や目標を見付けたりすることができるよう工夫すること。その際，道徳性を養うことの意義について，児童自らが考え，理解し，主体的に学習に取り組むことができるようにすること。
 (4)　児童が多様な感じ方や考え方に接する中で，考えを深め，判断し，表現する力などを育むことができるよう，自分の考えを基に話し合ったり書いたりするなどの言語活動を充実すること。
 (5)　児童の発達の段階や特性等を考慮し，指導のねらいに即して，問題解決的な学習，道徳的行為に関する体験的な学習等を適切に取り入れるなど，指導方法を工夫すること。その際，それらの活動を通じて学んだ内容の意義などについて考えることができるようにすること。また，特別活動等における多様な実践活動や体験活動も道徳科の授業に生かすようにすること。
 (6)　児童の発達の段階や特性等を考慮し，第2に示す内容との関連を踏まえつつ，情報モラルに関する指導を充実すること。また，児童の発達の段階や特性等を考慮し，例えば，社会の持続可能な発展などの現代的な課題の取扱いにも留意し，身近な社会的課題を自分との関係において考え，それらの解決に寄与しようとする意欲や態度を育てるよう努めること。なお，多様な見方や考え方のできる事柄について，特定の見方や考え方に偏った指導を行うことのないようにすること。
 (7)　道徳科の授業を公開したり，授業の実施や地域教材の開発や活用などに家庭や地域の人々，

各分野の専門家等の積極的な参加や協力を得たりするなど，家庭や地域社会との共通理解を深め，相互の連携を図ること。
3 教材については，次の事項に留意するものとする。
(1) 児童の発達の段階や特性，地域の実情等を考慮し，多様な教材の活用に努めること。特に，生命の尊厳，自然，伝統と文化，先人の伝記，スポーツ，情報化への対応等の現代的な課題などを題材とし，児童が問題意識をもって多面的・多角的に考えたり，感動を覚えたりするような充実した教材の開発や活用を行うこと。
(2) 教材については，教育基本法や学校教育法その他の法令に従い，次の観点に照らし適切と判断されるものであること。
　ア　児童の発達の段階に即し，ねらいを達成するのにふさわしいものであること。
　イ　人間尊重の精神にかなうものであって，悩みや葛藤等の心の揺れ，人間関係の理解等の課題も含め，児童が深く考えることができ，人間としてよりよく生きる喜びや勇気を与えられるものであること。
　ウ　多様な見方や考え方のできる事柄を取り扱う場合には，特定の見方や考え方に偏った取扱いがなされていないものであること。
4 児童の学習状況や道徳性に係る成長の様子を継続的に把握し，指導に生かすよう努める必要がある。ただし，数値などによる評価は行わないものとする。

「道徳の内容」の学年段階・学校段階の一覧表

		小学校第1学年及び第2学年 (19)	小学校第3学年及び第4学年 (20)
A	主として自分自身に関すること		
	善悪の判断, 自律, 自由と責任	(1) よいことと悪いこととの区別をし, よいと思うことを進んで行うこと。	(1) 正しいと判断したことは, 自信をもって行うこと。
	正直, 誠実	(2) うそをついたりごまかしをしたりしないで, 素直に伸び伸びと生活すること。	(2) 過ちは素直に改め, 正直に明るい心で生活すること。
	節度, 節制	(3) 健康や安全に気を付け, 物や金銭を大切にし, 身の回りを整え, わがままをしないで, 規則正しい生活をすること。	(3) 自分でできることは自分でやり, 安全に気を付け, よく考えて行動し, 節度のある生活をすること。
	個性の伸長	(4) 自分の特徴に気付くこと。	(4) 自分の特徴に気付き, 長所を伸ばすこと。
	希望と勇気, 努力と強い意志	(5) 自分のやるべき勉強や仕事をしっかりと行うこと。	(5) 自分でやろうと決めた目標に向かって, 強い意志をもち, 粘り強くやり抜くこと。
	真理の探究		
B	主として人との関わりに関すること		
	親切, 思いやり	(6) 身近にいる人に温かい心で接し, 親切にすること。	(6) 相手のことを思いやり, 進んで親切にすること。
	感謝	(7) 家族など日頃世話になっている人々に感謝すること。	(7) 家族など生活を支えてくれている人々や現在の生活を築いてくれた高齢者に, 尊敬と感謝の気持ちをもって接すること。
	礼儀	(8) 気持ちのよい挨拶, 言葉遣い, 動作などに心掛けて, 明るく接すること。	(8) 礼儀の大切さを知り, 誰に対しても真心をもって接すること。
	友情, 信頼	(9) 友達と仲よくし, 助け合うこと。	(9) 友達と互いに理解し, 信頼し, 助け合うこと。
	相互理解, 寛容		(10) 自分の考えや意見を相手に伝えるとともに, 相手のことを理解し, 自分と異なる意見も大切にすること。
C	主として集団や社会との関わりに関すること		
	規則の尊重	(10) 約束やきまりを守り, みんなが使う物を大切にすること。	(11) 約束や社会のきまりの意義を理解し, それらを守ること。
	公正, 公平, 社会正義	(11) 自分の好き嫌いにとらわれないで接すること。	(12) 誰に対しても分け隔てをせず, 公正, 公平な態度で接すること。
	勤労, 公共の精神	(12) 働くことのよさを知り, みんなのために働くこと。	(13) 働くことの大切さを知り, 進んでみんなのために働くこと。
	家族愛, 家庭生活の充実	(13) 父母, 祖父母を敬愛し, 進んで家の手伝いなどをして, 家族の役に立つこと。	(14) 父母, 祖父母を敬愛し, 家族みんなで協力し合って楽しい家庭をつくること。
	よりよい学校生活, 集団生活の充実	(14) 先生を敬愛し, 学校の人々に親しんで, 学級や学校の生活を楽しくすること。	(15) 先生や学校の人々を敬愛し, みんなで協力し合って楽しい学級や学校をつくること。
	伝統と文化の尊重, 国や郷土を愛する態度	(15) 我が国や郷土の文化と生活に親しみ, 愛着をもつこと。	(16) 我が国や郷土の伝統と文化を大切にし, 国や郷土を愛する心をもつこと。
	国際理解, 国際親善	(16) 他国の人々や文化に親しむこと。	(17) 他国の人々や文化に親しみ, 関心をもつこと。
D	主として生命や自然, 崇高なものとの関わりに関すること		
	生命の尊さ	(17) 生きることのすばらしさを知り, 生命を大切にすること。	(18) 生命の尊さを知り, 生命あるものを大切にすること。
	自然愛護	(18) 身近な自然に親しみ, 動植物に優しい心で接すること。	(19) 自然のすばらしさや不思議さを感じ取り, 自然や動植物を大切にすること。
	感動, 畏敬の念	(19) 美しいものに触れ, すがすがしい心をもつこと。	(20) 美しいものや気高いものに感動する心をもつこと。
	よりよく生きる喜び		

小学校第5学年及び第6学年（22）	中学校（22）	
(1) 自由を大切にし，自律的に判断し，責任のある行動をすること。 (2) 誠実に，明るい心で生活すること。	(1) 自律の精神を重んじ，自主的に考え，判断し，誠実に実行してその結果に責任をもつこと。	自主，自律， 自由と責任
(3) 安全に気を付けることや，生活習慣の大切さについて理解し，自分の生活を見直し，節度を守り節制に心掛けること。	(2) 望ましい生活習慣を身に付け，心身の健康の増進を図り，節度を守り節制に心掛け，安全で調和のある生活をすること。	節度，節制
(4) 自分の特徴を知って，短所を改め長所を伸ばすこと。	(3) 自己を見つめ，自己の向上を図るとともに，個性を伸ばして充実した生き方を追求すること。	向上心，個性の伸長
(5) より高い目標を立て，希望と勇気をもち，困難があってもくじけずに努力して物事をやり抜くこと。	(4) より高い目標を設定し，その達成を目指し，希望と勇気をもち，困難や失敗を乗り越えて着実にやり遂げること。	希望と勇気， 克己と強い意志
(6) 真理を大切にし，物事を探究しようとする心をもつこと。	(5) 真実を大切にし，真理を探究して新しいものを生み出そうと努めること。	真理の探究，創造
(7) 誰に対しても思いやりの心をもち，相手の立場に立って親切にすること。 (8) 日々の生活が家族や過去からの多くの人々の支え合いや助け合いで成り立っていることに感謝し，それに応えること。	(6) 思いやりの心をもって人と接するとともに，家族などの支えや多くの人々の善意により日々の生活や現在の自分があることに感謝し，進んでそれに応え，人間愛の精神を深めること。	思いやり，感謝
(9) 時と場をわきまえて，礼儀正しく真心をもって接すること。	(7) 礼儀の意義を理解し，時と場に応じた適切な言動をとること。	礼儀
(10) 友達と互いに信頼し，学び合って友情を深め，異性についても理解しながら，人間関係を築いていくこと。	(8) 友情の尊さを理解して心から信頼できる友達をもち，互いに励まし合い，高め合うとともに，異性についての理解を深め，悩みや葛藤も経験しながら人間関係を深めていくこと。	友情，信頼
(11) 自分の考えや意見を相手に伝えるとともに，謙虚な心をもち，広い心で自分と異なる意見や立場を尊重すること。	(9) 自分の考えや意見を相手に伝えるとともに，それぞれの個性や立場を尊重し，いろいろなものの見方や考え方があることを理解し，寛容の心をもって謙虚に他に学び，自らを高めていくこと。	相互理解，寛容
(12) 法やきまりの意義を理解した上で進んでそれらを守り，自他の権利を大切にし，義務を果たすこと。	(10) 法やきまりの意義を理解し，それらを進んで守るとともに，そのよりよい在り方について考え，自他の権利を大切にし，義務を果たして，規律ある安定した社会の実現に努めること。	遵法精神，公徳心
(13) 誰に対しても差別をすることや偏見をもつことなく，公正，公平な態度で接し，正義の実現に努めること。	(11) 正義と公正さを重んじ，誰に対しても公平に接し，差別や偏見のない社会の実現に努めること。	公正，公平， 社会正義
(14) 働くことや社会に奉仕することの充実感を味わうとともに，その意義を理解し，公共のために役に立つことをすること。	(12) 社会参画の意識と社会連帯の自覚を高め，公共の精神をもってよりよい社会の実現に努めること。	社会参画， 公共の精神
	(13) 勤労の尊さや意義を理解し，将来の生き方について考えを深め，勤労を通じて社会に貢献すること。	勤労
(15) 父母，祖父母を敬愛し，家族の幸せを求めて，進んで役に立つことをすること。	(14) 父母，祖父母を敬愛し，家族の一員としての自覚をもって充実した家庭生活を築くこと。	家族愛， 家庭生活の充実
(16) 先生や学校の人々を敬愛し，みんなで協力し合ってよりよい学級や学校をつくるとともに，様々な集団の中での自分の役割を自覚して集団生活の充実に努めること。	(15) 教師や学校の人々を敬愛し，学級や学校の一員としての自覚をもち，協力し合ってよりよい校風をつくるとともに，様々な集団の意義や集団の中での自分の役割と責任を自覚して集団生活の充実に努めること。	よりよい学校生活， 集団生活の充実
(17) 我が国や郷土の伝統と文化を大切にし，先人の努力を知り，国や郷土を愛する心をもつこと。	(16) 郷土の伝統と文化を大切にし，社会に尽くした先人や高齢者に尊敬の念を深め，地域社会の一員としての自覚をもって郷土を愛し，進んで郷土の発展に努めること。	郷土の伝統と 文化の尊重， 郷土を愛する態度
	(17) 優れた伝統の継承と新しい文化の創造に貢献するとともに，日本人としての自覚をもって国を愛し，国家及び社会の形成者として，その発展に努めること。	我が国の伝統と 文化の尊重， 国を愛する態度
(18) 他国の人々や文化について理解し，日本人としての自覚をもって国際親善に努めること。	(18) 世界の中の日本人としての自覚をもち，他国を尊重し，国際的視野に立って，世界の平和と人類の発展に寄与すること。	国際理解， 国際貢献
(19) 生命が多くの生命のつながりの中にあるかけがえのないものであることを理解し，生命を尊重すること。	(19) 生命の尊さについて，その連続性や有限性なども含めて理解し，かけがえのない生命を尊重すること。	生命の尊さ
(20) 自然の偉大さを知り，自然環境を大切にすること。	(20) 自然の崇高さを知り，自然環境を大切にすることの意義を理解し，進んで自然の愛護に努めること。	自然愛護
(21) 美しいものや気高いものに感動する心や人間の力を超えたものに対する畏敬の念をもつこと。	(21) 美しいものや気高いものに感動する心をもち，人間の力を超えたものに対する畏敬の念を深めること。	感動，畏敬の念
(22) よりよく生きようとする人間の強さや気高さを理解し，人間として生きる喜びを感じること。	(22) 人間には自らの弱さや醜さを克服する強さや気高く生きようとする心があることを理解し，人間として生きることに喜びを見いだすこと。	よりよく生きる喜び

幼稚園教育要領

　教育は，教育基本法第1条に定めるとおり，人格の完成を目指し，平和で民主的な国家及び社会の形成者として必要な資質を備えた心身ともに健康な国民の育成を期すという目的のもと，同法第2条に掲げる次の目標を達成するよう行われなければならない。

1　幅広い知識と教養を身に付け，真理を求める態度を養い，豊かな情操と道徳心を培うとともに，健やかな身体を養うこと。
2　個人の価値を尊重して，その能力を伸ばし，創造性を培い，自主及び自律の精神を養うとともに，職業及び生活との関連を重視し，勤労を重んずる態度を養うこと。
3　正義と責任，男女の平等，自他の敬愛と協力を重んずるとともに，公共の精神に基づき，主体的に社会の形成に参画し，その発展に寄与する態度を養うこと。
4　生命を尊び，自然を大切にし，環境の保全に寄与する態度を養うこと。
5　伝統と文化を尊重し，それらをはぐくんできた我が国と郷土を愛するとともに，他国を尊重し，国際社会の平和と発展に寄与する態度を養うこと。

　また，幼児期の教育については，同法第11条に掲げるとおり，生涯にわたる人格形成の基礎を培う重要なものであることにかんがみ，国及び地方公共団体は，幼児の健やかな成長に資する良好な環境の整備その他適当な方法によって，その振興に努めなければならないこととされている。

　これからの幼稚園には，学校教育の始まりとして，こうした教育の目的及び目標の達成を目指しつつ，一人一人の幼児が，将来，自分のよさや可能性を認識するとともに，あらゆる他者を価値のある存在として尊重し，多様な人々と協働しながら様々な社会的変化を乗り越え，豊かな人生を切り拓き，持続可能な社会の創り手となることができるようにするための基礎を培うことが求められる。このために必要な教育の在り方を具体化するのが，各幼稚園において教育の内容等を組織的かつ計画的に組み立てた教育課程である。

　教育課程を通して，これからの時代に求められる教育を実現していくためには，よりよい学校教育を通してよりよい社会を創るという理念を学校と社会とが共有し，それぞれの幼稚園において，幼児期にふさわしい生活をどのように展開し，どのような資質・能力を育むようにするのかを教育課程において明確にしながら，社会との連携及び協働によりその実現を図っていくという，社会に開かれた教育課程の実現が重要となる。

　幼稚園教育要領とは，こうした理念の実現に向けて必要となる教育課程の基準を大綱的に定めるものである。幼稚園教育要領が果たす役割の一つは，公の性質を有する幼稚園における教育水準を全国的に確保することである。また，各幼稚園がその特色を生かして創意工夫を重ね，長年にわたり積み重ねられてきた教育実践や学術研究の蓄積を生かしながら，幼児や地域の現状や課題を捉え，家庭や地域社会と協力して，幼稚園教育要領を踏まえた教育活動の更なる充実を図っていくことも重要である。

　幼児の自発的な活動としての遊びを生み出すために必要な環境を整え，一人一人の資質・能力を育んでいくことは，教職員をはじめとする幼稚園関係者はもとより，家庭や地域の人々も含め，様々な立場から幼児や幼稚園に関わる全ての大人に期待される役割である。家庭との緊密な連携の下，小学校以降の教育や生涯にわたる学習とのつながりを見通しながら，幼児の自発的な活動としての遊びを通しての総合的な指導をする際に広く活用されるものとなることを期待して，ここに幼稚園教育要領を定める。

付録7

●第1章 総則

第1 幼稚園教育の基本

　幼児期の教育は，生涯にわたる人格形成の基礎を培う重要なものであり，幼稚園教育は，学校教育法に規定する目的及び目標を達成するため，幼児期の特性を踏まえ，環境を通して行うものであることを基本とする。

　このため教師は，幼児との信頼関係を十分に築き，幼児が身近な環境に主体的に関わり，環境との関わり方や意味に気付き，これらを取り込もうとして，試行錯誤したり，考えたりするようになる幼児期の教育における見方・考え方を生かし，幼児と共によりよい教育環境を創造するように努めるものとする。これらを踏まえ，次に示す事項を重視して教育を行わなければならない。

　1　幼児は安定した情緒の下で自己を十分に発揮することにより発達に必要な体験を得ていくものであることを考慮して，幼児の主体的な活動を促し，幼児期にふさわしい生活が展開されるようにすること。

　2　幼児の自発的な活動としての遊びは，心身の調和のとれた発達の基礎を培う重要な学習であることを考慮して，遊びを通しての指導を中心として第2章に示すねらいが総合的に達成されるようにすること。

　3　幼児の発達は，心身の諸側面が相互に関連し合い，多様な経過をたどって成し遂げられていくものであること，また，幼児の生活経験がそれぞれ異なることなどを考慮して，幼児一人一人の特性に応じ，発達の課題に即した指導を行うようにすること。

　その際，教師は，幼児の主体的な活動が確保されるよう幼児一人一人の行動の理解と予想に基づき，計画的に環境を構成しなければならない。この場合において，教師は，幼児と人やものとの関わりが重要であることを踏まえ，教材を工夫し，物的・空間的環境を構成しなければならない。また，幼児一人一人の活動の場面に応じて，様々な役割を果たし，その活動を豊かにしなければならない。

第2 幼稚園教育において育みたい資質・能力及び「幼児期の終わりまでに育ってほしい姿」

　1　幼稚園においては，生きる力の基礎を育むため，この章の第1に示す幼稚園教育の基本を踏まえ，次に掲げる資質・能力を一体的に育むよう努めるものとする。
　(1) 豊かな体験を通じて，感じたり，気付いたり，分かったり，できるようになったりする「知識及び技能の基礎」
　(2) 気付いたことや，できるようになったことなどを使い，考えたり，試したり，工夫したり，表現したりする「思考力，判断力，表現力等の基礎」
　(3) 心情，意欲，態度が育つ中で，よりよい生活を営もうとする「学びに向かう力，人間性等」
　2　1に示す資質・能力は，第2章に示すねらい及び内容に基づく活動全体によって育むものである。
　3　次に示す「幼児期の終わりまでに育ってほしい姿」は，第2章に示すねらい及び内容に基づく活動全体を通して資質・能力が育まれている幼児の幼稚園修了時の具体的な姿であり，教師が指導を行う際に考慮するものである。
　(1) 健康な心と体
　　　幼稚園生活の中で，充実感をもって自分のやりたいことに向かって心と体を十分に働かせ，見通しをもって行動し，自ら健康で安全な生活をつくり出すようになる。
　(2) 自立心
　　　身近な環境に主体的に関わり様々な活動を楽しむ中で，しなければならないことを自覚し，

付録7

自分の力で行うために考えたり，工夫したりしながら，諦めずにやり遂げることで達成感を味わい，自信をもって行動するようになる。

(3) 協同性

友達と関わる中で，互いの思いや考えなどを共有し，共通の目的の実現に向けて，考えたり，工夫したり，協力したりし，充実感をもってやり遂げるようになる。

(4) 道徳性・規範意識の芽生え

友達と様々な体験を重ねる中で，してよいことや悪いことが分かり，自分の行動を振り返ったり，友達の気持ちに共感したりし，相手の立場に立って行動するようになる。また，きまりを守る必要性が分かり，自分の気持ちを調整し，友達と折り合いを付けながら，きまりをつくったり，守ったりするようになる。

(5) 社会生活との関わり

家族を大切にしようとする気持ちをもつとともに，地域の身近な人と触れ合う中で，人との様々な関わり方に気付き，相手の気持ちを考えて関わり，自分が役に立つ喜びを感じ，地域に親しみをもつようになる。また，幼稚園内外の様々な環境に関わる中で，遊びや生活に必要な情報を取り入れ，情報に基づき判断したり，情報を伝え合ったり，活用したりするなど，情報を役立てながら活動するようになるとともに，公共の施設を大切に利用するなどして，社会とのつながりなどを意識するようになる。

(6) 思考力の芽生え

身近な事象に積極的に関わる中で，物の性質や仕組みなどを感じ取ったり，気付いたりし，考えたり，予想したり，工夫したりするなど，多様な関わりを楽しむようになる。また，友達の様々な考えに触れる中で，自分と異なる考えがあることに気付き，自ら判断したり，考え直したりするなど，新しい考えを生み出す喜びを味わいながら，自分の考えをよりよいものにするようになる。

(7) 自然との関わり・生命尊重

自然に触れて感動する体験を通して，自然の変化などを感じ取り，好奇心や探究心をもって考え言葉などで表現しながら，身近な事象への関心が高まるとともに，自然への愛情や畏敬の念をもつようになる。また，身近な動植物に心を動かされる中で，生命の不思議さや尊さに気付き，身近な動植物への接し方を考え，命あるものとしていたわり，大切にする気持ちをもって関わるようになる。

(8) 数量や図形，標識や文字などへの関心・感覚

遊びや生活の中で，数量や図形，標識や文字などに親しむ体験を重ねたり，標識や文字の役割に気付いたりし，自らの必要感に基づきこれらを活用し，興味や関心，感覚をもつようになる。

(9) 言葉による伝え合い

先生や友達と心を通わせる中で，絵本や物語などに親しみながら，豊かな言葉や表現を身に付け，経験したことや考えたことなどを言葉で伝えたり，相手の話を注意して聞いたりし，言葉による伝え合いを楽しむようになる。

(10) 豊かな感性と表現

心を動かす出来事などに触れ感性を働かせる中で，様々な素材の特徴や表現の仕方などに気付き，感じたことや考えたことを自分で表現したり，友達同士で表現する過程を楽しんだりし，表現する喜びを味わい，意欲をもつようになる。

付録7

第3 教育課程の役割と編成等

1 教育課程の役割

　各幼稚園においては，教育基本法及び学校教育法その他の法令並びにこの幼稚園教育要領の示すところに従い，創意工夫を生かし，幼児の心身の発達と幼稚園及び地域の実態に即応した適切な教育課程を編成するものとする。

　また，各幼稚園においては，6に示す全体的な計画にも留意しながら，「幼児期の終わりまでに育ってほしい姿」を踏まえ教育課程を編成すること，教育課程の実施状況を評価してその改善を図っていくこと，教育課程の実施に必要な人的又は物的な体制を確保するとともにその改善を図っていくことなどを通して，教育課程に基づき組織的かつ計画的に各幼稚園の教育活動の質の向上を図っていくこと（以下「カリキュラム・マネジメント」という。）に努めるものとする。

2 各幼稚園の教育目標と教育課程の編成

　教育課程の編成に当たっては，幼稚園教育において育みたい資質・能力を踏まえつつ，各幼稚園の教育目標を明確にするとともに，教育課程の編成についての基本的な方針が家庭や地域とも共有されるよう努めるものとする。

3 教育課程の編成上の基本的事項

(1) 幼稚園生活の全体を通して第2章に示すねらいが総合的に達成されるよう，教育課程に係る教育期間や幼児の生活経験や発達の過程などを考慮して具体的なねらいと内容を組織するものとする。この場合においては，特に，自我が芽生え，他者の存在を意識し，自己を抑制しようとする気持ちが生まれる幼児期の発達の特性を踏まえ，入園から修了に至るまでの長期的な視野をもって充実した生活が展開できるように配慮するものとする。

(2) 幼稚園の毎学年の教育課程に係る教育週数は，特別の事情のある場合を除き，39週を下ってはならない。

(3) 幼稚園の1日の教育課程に係る教育時間は，4時間を標準とする。ただし，幼児の心身の発達の程度や季節などに適切に配慮するものとする。

4 教育課程の編成上の留意事項

　教育課程の編成に当たっては，次の事項に留意するものとする。

(1) 幼児の生活は，入園当初の一人一人の遊びや教師との触れ合いを通して幼稚園生活に親しみ，安定していく時期から，他の幼児との関わりの中で幼児の主体的な活動が深まり，幼児が互いに必要な存在であることを認識するようになり，やがて幼児同士や学級全体で目的をもって協同して幼稚園生活を展開し，深めていく時期などに至るまでの過程を様々に経ながら広げられていくものであることを考慮し，活動がそれぞれの時期にふさわしく展開されるようにすること。

(2) 入園当初，特に，3歳児の入園については，家庭との連携を緊密にし，生活のリズムや安全面に十分配慮すること。また，満3歳児については，学年の途中から入園することを考慮し，幼児が安心して幼稚園生活を過ごすことができるよう配慮すること。

(3) 幼稚園生活が幼児にとって安全なものとなるよう，教職員による協力体制の下，幼児の主体的な活動を大切にしつつ，園庭や園舎などの環境の配慮や指導の工夫を行うこと。

5 小学校教育との接続に当たっての留意事項

(1) 幼稚園においては，幼稚園教育が，小学校以降の生活や学習の基盤の育成につながることに配慮し，幼児期にふさわしい生活を通して，創造的な思考や主体的な生活態度などの基礎を培うようにするものとする。

(2) 幼稚園教育において育まれた資質・能力を踏まえ，小学校教育が円滑に行われるよう，小学校の教師との意見交換や合同の研究の機会などを設け，「幼児期の終わりまでに育ってほしい

付録7

姿」を共有するなど連携を図り，幼稚園教育と小学校教育との円滑な接続を図るよう努めるものとする。

6　全体的な計画の作成

各幼稚園においては，教育課程を中心に，第3章に示す教育課程に係る教育時間の終了後等に行う教育活動の計画，学校保健計画，学校安全計画などとを関連させ，一体的に教育活動が展開されるよう全体的な計画を作成するものとする。

第4　指導計画の作成と幼児理解に基づいた評価

1　指導計画の考え方

幼稚園教育は，幼児が自ら意欲をもって環境と関わることによりつくり出される具体的な活動を通して，その目標の達成を図るものである。

幼稚園においてはこのことを踏まえ，幼児期にふさわしい生活が展開され，適切な指導が行われるよう，それぞれの幼稚園の教育課程に基づき，調和のとれた組織的，発展的な指導計画を作成し，幼児の活動に沿った柔軟な指導を行わなければならない。

2　指導計画の作成上の基本的事項

(1) 指導計画は，幼児の発達に即して一人一人の幼児が幼児期にふさわしい生活を展開し，必要な体験を得られるようにするために，具体的に作成するものとする。

(2) 指導計画の作成に当たっては，次に示すところにより，具体的なねらい及び内容を明確に設定し，適切な環境を構成することなどにより活動が選択・展開されるようにするものとする。

　ア　具体的なねらい及び内容は，幼稚園生活における幼児の発達の過程を見通し，幼児の生活の連続性，季節の変化などを考慮して，幼児の興味や関心，発達の実情などに応じて設定すること。

　イ　環境は，具体的なねらいを達成するために適切なものとなるように構成し，幼児が自らその環境に関わることにより様々な活動を展開しつつ必要な体験を得られるようにすること。その際，幼児の生活する姿や発想を大切にし，常にその環境が適切なものとなるようにすること。

　ウ　幼児の行う具体的な活動は，生活の流れの中で様々に変化するものであることに留意し，幼児が望ましい方向に向かって自ら活動を展開していくことができるよう必要な援助をすること。

その際，幼児の実態及び幼児を取り巻く状況の変化などに即して指導の過程についての評価を適切に行い，常に指導計画の改善を図るものとする。

3　指導計画の作成上の留意事項

指導計画の作成に当たっては，次の事項に留意するものとする。

(1) 長期的に発達を見通した年，学期，月などにわたる長期の指導計画やこれとの関連を保ちながらより具体的な幼児の生活に即した週，日などの短期の指導計画を作成し，適切な指導が行われるようにすること。特に，週，日などの短期の指導計画については，幼児の生活のリズムに配慮し，幼児の意識や興味の連続性のある活動が相互に関連して幼稚園生活の自然な流れの中に組み込まれるようにすること。

(2) 幼児が様々な人やものとの関わりを通して，多様な体験をし，心身の調和のとれた発達を促すようにしていくこと。その際，幼児の発達に即して主体的・対話的で深い学びが実現するようにするとともに，心を動かされる体験が次の活動を生み出すことを考慮し，一つ一つの体験が相互に結び付き，幼稚園生活が充実するようにすること。

(3) 言語に関する能力の発達と思考力等の発達が関連していることを踏まえ，幼稚園生活全体を通して，幼児の発達を踏まえた言語環境を整え，言語活動の充実を図ること。

(4) 幼児が次の活動への期待や意欲をもつことができるよう，幼児の実態を踏まえながら，教師や他の幼児と共に遊びや生活の中で見通しをもったり，振り返ったりするよう工夫すること。

(5) 行事の指導に当たっては，幼稚園生活の自然の流れの中で生活に変化や潤いを与え，幼児が主体的に楽しく活動できるようにすること。なお，それぞれの行事についてはその教育的価値を十分検討し，適切なものを精選し，幼児の負担にならないようにすること。

(6) 幼児期は直接的な体験が重要であることを踏まえ，視聴覚教材やコンピュータなど情報機器を活用する際には，幼稚園生活では得難い体験を補完するなど，幼児の体験との関連を考慮すること。

(7) 幼児の主体的な活動を促すためには，教師が多様な関わりをもつことが重要であることを踏まえ，教師は，理解者，共同作業者など様々な役割を果たし，幼児の発達に必要な豊かな体験が得られるよう，活動の場面に応じて，適切な指導を行うようにすること。

(8) 幼児の行う活動は，個人，グループ，学級全体などで多様に展開されるものであることを踏まえ，幼稚園全体の教師による協力体制を作りながら，一人一人の幼児が興味や欲求を十分に満足させるよう適切な援助を行うようにすること。

4 幼児理解に基づいた評価の実施

幼児一人一人の発達の理解に基づいた評価の実施に当たっては，次の事項に配慮するものとする。

(1) 指導の過程を振り返りながら幼児の理解を進め，幼児一人一人のよさや可能性などを把握し，指導の改善に生かすようにすること。その際，他の幼児との比較や一定の基準に対する達成度についての評定によって捉えるものではないことに留意すること。

(2) 評価の妥当性や信頼性が高められるよう創意工夫を行い，組織的かつ計画的な取組を推進するとともに，次年度又は小学校等にその内容が適切に引き継がれるようにすること。

第5 特別な配慮を必要とする幼児への指導

1 障害のある幼児などへの指導

障害のある幼児などへの指導に当たっては，集団の中で生活することを通して全体的な発達を促していくことに配慮し，特別支援学校などの助言又は援助を活用しつつ，個々の幼児の障害の状態などに応じた指導内容や指導方法の工夫を組織的かつ計画的に行うものとする。また，家庭，地域及び医療や福祉，保健等の業務を行う関係機関との連携を図り，長期的な視点で幼児への教育的支援を行うために，個別の教育支援計画を作成し活用することに努めるとともに，個々の幼児の実態を的確に把握し，個別の指導計画を作成し活用することに努めるものとする。

2 海外から帰国した幼児や生活に必要な日本語の習得に困難のある幼児の幼稚園生活への適応

海外から帰国した幼児や生活に必要な日本語の習得に困難のある幼児については，安心して自己を発揮できるよう配慮するなど個々の幼児の実態に応じ，指導内容や指導方法の工夫を組織的かつ計画的に行うものとする。

第6 幼稚園運営上の留意事項

1 各幼稚園においては，園長の方針の下に，園務分掌に基づき教職員が適切に役割を分担しつつ，相互に連携しながら，教育課程や指導の改善を図るものとする。また，各幼稚園が行う学校評価については，教育課程の編成，実施，改善が教育活動や幼稚園運営の中核となることを踏まえ，カリキュラム・マネジメントと関連付けながら実施するよう留意するものとする。

2 幼児の生活は，家庭を基盤として地域社会を通じて次第に広がりをもつものであることに留意し，家庭との連携を十分に図るなど，幼稚園における生活が家庭や地域社会と連続性を保ちつつ展開されるようにするものとする。その際，地域の自然，高齢者や異年齢の子供などを含む人材，行事や公共施設などの地域の資源を積極的に活用し，幼児が豊かな生活体験を得られるように工夫するものとする。また，家庭との連携に当たっては，保護者との情報交換の機会を設けたり，保護者と幼児との活動の機会を設けたりなどすることを通じて，保護者の幼児期の教育に関する理解が深まるよう配慮するものとする。

3 地域や幼稚園の実態等により，幼稚園間に加え，保育所，幼保連携型認定こども園，小学校，中学校，高等学校及び特別支援学校などとの間の連携や交流を図るものとする。特に，幼稚園教育と小学校教育の円滑な接続のため，幼稚園の幼児と小学校の児童との交流の機会を積極的に設けるようにするものとする。また，障害のある幼児児童生徒との交流及び共同学習の機会を設け，共に尊重し合いながら協働して生活していく態度を育むよう努めるものとする。

第7 教育課程に係る教育時間終了後等に行う教育活動など

幼稚園は，第3章に示す教育課程に係る教育時間の終了後等に行う教育活動について，学校教育法に規定する目的及び目標並びにこの章の第1に示す幼稚園教育の基本を踏まえ実施するものとする。また，幼稚園の目的の達成に資するため，幼児の生活全体が豊かなものとなるよう家庭や地域における幼児期の教育の支援に努めるものとする。

第2章 ねらい及び内容

　この章に示すねらいは，幼稚園教育において育みたい資質・能力を幼児の生活する姿から捉えたものであり，内容は，ねらいを達成するために指導する事項である。各領域は，これらを幼児の発達の側面から，心身の健康に関する領域「健康」，人との関わりに関する領域「人間関係」，身近な環境との関わりに関する領域「環境」，言葉の獲得に関する領域「言葉」及び感性と表現に関する領域「表現」としてまとめ，示したものである。内容の取扱いは，幼児の発達を踏まえた指導を行うに当たって留意すべき事項である。

　各領域に示すねらいは，幼稚園における生活の全体を通じ，幼児が様々な体験を積み重ねる中で相互に関連をもちながら次第に達成に向かうものであること，内容は，幼児が環境に関わって展開する具体的な活動を通して総合的に指導されるものであることに留意しなければならない。

　また，「幼児期の終わりまでに育ってほしい姿」が，ねらい及び内容に基づく活動全体を通して資質・能力が育まれている幼児の幼稚園修了時の具体的な姿であることを踏まえ，指導を行う際に考慮するものとする。

　なお，特に必要な場合には，各領域に示すねらいの趣旨に基づいて適切な，具体的な内容を工夫し，それを加えても差し支えないが，その場合には，それが第1章の第1に示す幼稚園教育の基本を逸脱しないよう慎重に配慮する必要がある。

健　康
〔健康な心と体を育て，自ら健康で安全な生活をつくり出す力を養う。〕

1　ねらい
(1) 明るく伸び伸びと行動し，充実感を味わう。
(2) 自分の体を十分に動かし，進んで運動しようとする。
(3) 健康，安全な生活に必要な習慣や態度を身に付け，見通しをもって行動する。

2　内容
(1) 先生や友達と触れ合い，安定感をもって行動する。
(2) いろいろな遊びの中で十分に体を動かす。
(3) 進んで戸外で遊ぶ。
(4) 様々な活動に親しみ，楽しんで取り組む。
(5) 先生や友達と食べることを楽しみ，食べ物への興味や関心をもつ。
(6) 健康な生活のリズムを身に付ける。
(7) 身の回りを清潔にし，衣服の着脱，食事，排泄などの生活に必要な活動を自分でする。
(8) 幼稚園における生活の仕方を知り，自分たちで生活の場を整えながら見通しをもって行動する。
(9) 自分の健康に関心をもち，病気の予防などに必要な活動を進んで行う。
(10) 危険な場所，危険な遊び方，災害時などの行動の仕方が分かり，安全に気を付けて行動する。

3　内容の取扱い
上記の取扱いに当たっては，次の事項に留意する必要がある。
(1) 心と体の健康は，相互に密接な関連があるものであることを踏まえ，幼児が教師や他の幼児との温かい触れ合いの中で自己の存在感や充実感を味わうことなどを基盤として，しなやかな心と体の発達を促すこと。特に，十分に体を動かす気持ちよさを体験し，自ら体を動かそうとする意欲が育つようにすること。
(2) 様々な遊びの中で，幼児が興味や関心，能力に応じて全身を使って活動することにより，体を

動かす楽しさを味わい，自分の体を大切にしようとする気持ちが育つようにすること。その際，多様な動きを経験する中で，体の動きを調整するようにすること。

(3) 自然の中で伸び伸びと体を動かして遊ぶことにより，体の諸機能の発達が促されることに留意し，幼児の興味や関心が戸外にも向くようにすること。その際，幼児の動線に配慮した園庭や遊具の配置などを工夫すること。

(4) 健康な心と体を育てるためには食育を通じた望ましい食習慣の形成が大切であることを踏まえ，幼児の食生活の実情に配慮し，和やかな雰囲気の中で教師や他の幼児と食べる喜びや楽しさを味わったり，様々な食べ物への興味や関心をもったりするなどし，食の大切さに気付き，進んで食べようとする気持ちが育つようにすること。

(5) 基本的な生活習慣の形成に当たっては，家庭での生活経験に配慮し，幼児の自立心を育て，幼児が他の幼児と関わりながら主体的な活動を展開する中で，生活に必要な習慣を身に付け，次第に見通しをもって行動できるようにすること。

(6) 安全に関する指導に当たっては，情緒の安定を図り，遊びを通して安全についての構えを身に付け，危険な場所や事物などが分かり，安全についての理解を深めるようにすること。また，交通安全の習慣を身に付けるようにするとともに，避難訓練などを通して，災害などの緊急時に適切な行動がとれるようにすること。

人間関係
〔他の人々と親しみ，支え合って生活するために，自立心を育て，人と関わる力を養う。〕

1 ねらい
(1) 幼稚園生活を楽しみ，自分の力で行動することの充実感を味わう。
(2) 身近な人と親しみ，関わりを深め，工夫したり，協力したりして一緒に活動する楽しさを味わい，愛情や信頼感をもつ。
(3) 社会生活における望ましい習慣や態度を身に付ける。

2 内 容
(1) 先生や友達と共に過ごすことの喜びを味わう。
(2) 自分で考え，自分で行動する。
(3) 自分でできることは自分でする。
(4) いろいろな遊びを楽しみながら物事をやり遂げようとする気持ちをもつ。
(5) 友達と積極的に関わりながら喜びや悲しみを共感し合う。
(6) 自分の思ったことを相手に伝え，相手の思っていることに気付く。
(7) 友達のよさに気付き，一緒に活動する楽しさを味わう。
(8) 友達と楽しく活動する中で，共通の目的を見いだし，工夫したり，協力したりなどする。
(9) よいことや悪いことがあることに気付き，考えながら行動する。
(10) 友達との関わりを深め，思いやりをもつ。
(11) 友達と楽しく生活する中できまりの大切さに気付き，守ろうとする。
(12) 共同の遊具や用具を大切にし，皆で使う。
(13) 高齢者をはじめ地域の人々などの自分の生活に関係の深いいろいろな人に親しみをもつ。

3 内容の取扱い
上記の取扱いに当たっては，次の事項に留意する必要がある。
(1) 教師との信頼関係に支えられて自分自身の生活を確立していくことが人と関わる基盤となることを考慮し，幼児が自ら周囲に働き掛けることにより多様な感情を体験し，試行錯誤しながら諦めずにやり遂げることの達成感や，前向きな見通しをもって自分の力で行うことの充実感を味わ

うことができるよう，幼児の行動を見守りながら適切な援助を行うようにすること。
(2) 一人一人を生かした集団を形成しながら人と関わる力を育てていくようにすること。その際，集団の生活の中で，幼児が自己を発揮し，教師や他の幼児に認められる体験をし，自分のよさや特徴に気付き，自信をもって行動できるようにすること。
(3) 幼児が互いに関わりを深め，協同して遊ぶようになるため，自ら行動する力を育てるようにするとともに，他の幼児と試行錯誤しながら活動を展開する楽しさや共通の目的が実現する喜びを味わうことができるようにすること。
(4) 道徳性の芽生えを培うに当たっては，基本的な生活習慣の形成を図るとともに，幼児が他の幼児との関わりの中で他人の存在に気付き，相手を尊重する気持ちをもって行動できるようにし，また，自然や身近な動植物に親しむことなどを通して豊かな心情が育つようにすること。特に，人に対する信頼感や思いやりの気持ちは，葛藤やつまずきをも体験し，それらを乗り越えることにより次第に芽生えてくることに配慮すること。
(5) 集団の生活を通して，幼児が人との関わりを深め，規範意識の芽生えが培われることを考慮し，幼児が教師との信頼関係に支えられて自己を発揮する中で，互いに思いを主張し，折り合いを付ける体験をし，きまりの必要性などに気付き，自分の気持ちを調整する力が育つようにすること。
(6) 高齢者をはじめ地域の人々などの自分の生活に関係の深いいろいろな人と触れ合い，自分の感情や意志を表現しながら共に楽しみ，共感し合う体験を通して，これらの人々などに親しみをもち，人と関わることの楽しさや人の役に立つ喜びを味わうことができるようにすること。また，生活を通して親や祖父母などの家族の愛情に気付き，家族を大切にしようとする気持ちが育つようにすること。

環　境

［周囲の様々な環境に好奇心や探究心をもって関わり，それらを生活に取り入れていこうとする力を養う。］

1　ねらい
(1) 身近な環境に親しみ，自然と触れ合う中で様々な事象に興味や関心をもつ。
(2) 身近な環境に自分から関わり，発見を楽しんだり，考えたりし，それを生活に取り入れようとする。
(3) 身近な事象を見たり，考えたり，扱ったりする中で，物の性質や数量，文字などに対する感覚を豊かにする。

2　内　容
(1) 自然に触れて生活し，その大きさ，美しさ，不思議さなどに気付く。
(2) 生活の中で，様々な物に触れ，その性質や仕組みに興味や関心をもつ。
(3) 季節により自然や人間の生活に変化のあることに気付く。
(4) 自然などの身近な事象に関心をもち，取り入れて遊ぶ。
(5) 身近な動植物に親しみをもって接し，生命の尊さに気付き，いたわったり，大切にしたりする。
(6) 日常生活の中で，我が国や地域社会における様々な文化や伝統に親しむ。
(7) 身近な物を大切にする。
(8) 身近な物や遊具に興味をもって関わり，自分なりに比べたり，関連付けたりしながら考えたり，試したりして工夫して遊ぶ。
(9) 日常生活の中で数量や図形などに関心をもつ。

付録7

(10) 日常生活の中で簡単な標識や文字などに関心をもつ。

(11) 生活に関係の深い情報や施設などに興味や関心をもつ。

(12) 幼稚園内外の行事において国旗に親しむ。

3　内容の取扱い

上記の取扱いに当たっては，次の事項に留意する必要がある。

(1) 幼児が，遊びの中で周囲の環境と関わり，次第に周囲の世界に好奇心を抱き，その意味や操作の仕方に関心をもち，物事の法則性に気付き，自分なりに考えることができるようになる過程を大切にすること。また，他の幼児の考えなどに触れて新しい考えを生み出す喜びや楽しさを味わい，自分の考えをよりよいものにしようとする気持ちが育つようにすること。

(2) 幼児期において自然のもつ意味は大きく，自然の大きさ，美しさ，不思議さなどに直接触れる体験を通して，幼児の心が安らぎ，豊かな感情，好奇心，思考力，表現力の基礎が培われることを踏まえ，幼児が自然との関わりを深めることができるよう工夫すること。

(3) 身近な事象や動植物に対する感動を伝え合い，共感し合うことなどを通して自分から関わろうとする意欲を育てるとともに，様々な関わり方を通してそれらに対する親しみや畏敬の念，生命を大切にする気持ち，公共心，探究心などが養われるようにすること。

(4) 文化や伝統に親しむ際には，正月や節句など我が国の伝統的な行事，国歌，唱歌，わらべうたや我が国の伝統的な遊びに親しんだり，異なる文化に触れる活動に親しんだりすることを通じて，社会とのつながりの意識や国際理解の意識の芽生えなどが養われるようにすること。

(5) 数量や文字などに関しては，日常生活の中で幼児自身の必要感に基づく体験を大切にし，数量や文字などに関する興味や関心，感覚が養われるようにすること。

言　葉

> 経験したことや考えたことなどを自分なりの言葉で表現し，相手の話す言葉を聞こうとする意欲や態度を育て，言葉に対する感覚や言葉で表現する力を養う。

1　ねらい

(1) 自分の気持ちを言葉で表現する楽しさを味わう。

(2) 人の言葉や話などをよく聞き，自分の経験したことや考えたことを話し，伝え合う喜びを味わう。

(3) 日常生活に必要な言葉が分かるようになるとともに，絵本や物語などに親しみ，言葉に対する感覚を豊かにし，先生や友達と心を通わせる。

2　内　容

(1) 先生や友達の言葉や話に興味や関心をもち，親しみをもって聞いたり，話したりする。

(2) したり，見たり，聞いたり，感じたり，考えたりなどしたことを自分なりに言葉で表現する。

(3) したいこと，してほしいことを言葉で表現したり，分からないことを尋ねたりする。

(4) 人の話を注意して聞き，相手に分かるように話す。

(5) 生活の中で必要な言葉が分かり，使う。

(6) 親しみをもって日常の挨拶をする。

(7) 生活の中で言葉の楽しさや美しさに気付く。

(8) いろいろな体験を通じてイメージや言葉を豊かにする。

(9) 絵本や物語などに親しみ，興味をもって聞き，想像をする楽しさを味わう。

(10) 日常生活の中で，文字などで伝える楽しさを味わう。

3　内容の取扱い

上記の取扱いに当たっては，次の事項に留意する必要がある。

(1) 言葉は，身近な人に親しみをもって接し，自分の感情や意志などを伝え，それに相手が応答し，その言葉を聞くことを通して次第に獲得されていくものであることを考慮して，幼児が教師や他の幼児と関わることにより心を動かされるような体験をし，言葉を交わす喜びを味わえるようにすること。

(2) 幼児が自分の思いを言葉で伝えるとともに，教師や他の幼児などの話を興味をもって注意して聞くことを通して次第に話を理解するようになっていき，言葉による伝え合いができるようにすること。

(3) 絵本や物語などで，その内容と自分の経験とを結び付けたり，想像を巡らせたりするなど，楽しみを十分に味わうことによって，次第に豊かなイメージをもち，言葉に対する感覚が養われるようにすること。

(4) 幼児が生活の中で，言葉の響きやリズム，新しい言葉や表現などに触れ，これらを使う楽しさを味わえるようにすること。その際，絵本や物語に親しんだり，言葉遊びなどをしたりすることを通して，言葉が豊かになるようにすること。

(5) 幼児が日常生活の中で，文字などを使いながら思ったことや考えたことを伝える喜びや楽しさを味わい，文字に対する興味や関心をもつようにすること。

表　現

［感じたことや考えたことを自分なりに表現することを通して，豊かな感性や表現する力を養い，創造性を豊かにする。］

1　ねらい

(1) いろいろなものの美しさなどに対する豊かな感性をもつ。

(2) 感じたことや考えたことを自分なりに表現して楽しむ。

(3) 生活の中でイメージを豊かにし，様々な表現を楽しむ。

2　内　容

(1) 生活の中で様々な音，形，色，手触り，動きなどに気付いたり，感じたりするなどして楽しむ。

(2) 生活の中で美しいものや心を動かす出来事に触れ，イメージを豊かにする。

(3) 様々な出来事の中で，感動したことを伝え合う楽しさを味わう。

(4) 感じたこと，考えたことなどを音や動きなどで表現したり，自由にかいたり，つくったりなどする。

(5) いろいろな素材に親しみ，工夫して遊ぶ。

(6) 音楽に親しみ，歌を歌ったり，簡単なリズム楽器を使ったりなどする楽しさを味わう。

(7) かいたり，つくったりすることを楽しみ，遊びに使ったり，飾ったりなどする。

(8) 自分のイメージを動きや言葉などで表現したり，演じて遊んだりするなどの楽しさを味わう。

3　内容の取扱い

上記の取扱いに当たっては，次の事項に留意する必要がある。

(1) 豊かな感性は，身近な環境と十分に関わる中で美しいもの，優れたもの，心を動かす出来事などに出会い，そこから得た感動を他の幼児や教師と共有し，様々に表現することなどを通して養われるようにすること。その際，風の音や雨の音，身近にある草や花の形や色など自然の中にある音，形，色などに気付くようにすること。

(2) 幼児の自己表現は素朴な形で行われることが多いので，教師はそのような表現を受容し，幼児自身の表現しようとする意欲を受け止めて，幼児が生活の中で幼児らしい様々な表現を楽しむことができるようにすること。

(3) 生活経験や発達に応じ，自ら様々な表現を楽しみ，表現する意欲を十分に発揮させることがで

きるように，遊具や用具などを整えたり，様々な素材や表現の仕方に親しんだり，他の幼児の表現に触れられるよう配慮したりし，表現する過程を大切にして自己表現を楽しめるように工夫すること。

第3章　教育課程に係る教育時間の終了後等に行う教育活動などの留意事項

1　地域の実態や保護者の要請により，教育課程に係る教育時間の終了後等に希望する者を対象に行う教育活動については，幼児の心身の負担に配慮するものとする。また，次の点にも留意するものとする。

(1)　教育課程に基づく活動を考慮し，幼児期にふさわしい無理のないものとなるようにすること。その際，教育課程に基づく活動を担当する教師と緊密な連携を図るようにすること。

(2)　家庭や地域での幼児の生活も考慮し，教育課程に係る教育時間の終了後等に行う教育活動の計画を作成するようにすること。その際，地域の人々と連携するなど，地域の様々な資源を活用しつつ，多様な体験ができるようにすること。

(3)　家庭との緊密な連携を図るようにすること。その際，情報交換の機会を設けたりするなど，保護者が，幼稚園と共に幼児を育てるという意識が高まるようにすること。

(4)　地域の実態や保護者の事情とともに幼児の生活のリズムを踏まえつつ，例えば実施日数や時間などについて，弾力的な運用に配慮すること。

(5)　適切な責任体制と指導体制を整備した上で行うようにすること。

2　幼稚園の運営に当たっては，子育ての支援のために保護者や地域の人々に機能や施設を開放して，園内体制の整備や関係機関との連携及び協力に配慮しつつ，幼児期の教育に関する相談に応じたり，情報を提供したり，幼児と保護者との登園を受け入れたり，保護者同士の交流の機会を提供したりするなど，幼稚園と家庭が一体となって幼児と関わる取組を進め，地域における幼児期の教育のセンターとしての役割を果たすよう努めるものとする。その際，心理や保健の専門家，地域の子育て経験者等と連携・協働しながら取り組むよう配慮するものとする。

学習指導要領等の改善に係る検討に必要な専門的作業等協力者（五十音順）

(職名は平成29年6月現在)

石 田 靖 弘	中村学園大学教育学部児童幼児教育学科准教授
伊 藤 秀 一	東京都教育庁主任指導主事
片 平 克 弘	筑波大学人間系教授
川真田 早 苗	徳島県吉野川市立川田小学校教諭
木 下 博 義	広島大学大学院教育学研究科准教授
髙 木 正 之	岐阜聖徳学園大学教育学部准教授
玉 木 昌 知	広島県教育委員会指導主事
田 村 正 弘	東京都足立区立千寿小学校長
塚 田 昭 一	埼玉県新座市立野寺小学校長
野 村 玲 子	東京都西東京市立栄小学校主幹教諭
葉 倉 朋 子	神奈川県川崎市立東菅小学校長
播 磨 義 幸	北海道札幌市立発寒西小学校教諭
三 木 勝 仁	北海道旭川市立北鎮小学校教頭
武 藤 良 弘	公益財団法人ソニー教育財団理科教育推進室長
八 嶋 真理子	前神奈川県横浜市立三ツ沢小学校長

国立教育政策研究所において，次の者が本書の作成に携わった。
松 原 憲 治	教育課程研究センター総括研究官
山 中 謙 司	教育課程研究センター学力調査官・教育課程調査官

なお，文部科学省においては，次の者が本書の編集に当たった。
合 田 哲 雄	初等中等教育局教育課程課長
清 原 洋 一	初等中等教育局主任視学官
平 野 誠	大臣官房教育改革調整官
金 城 太 一	初等中等教育局教育課程課課長補佐
鳴 川 哲 也	初等中等教育局教育課程課教科調査官

小学校学習指導要領（平成29年告示）解説
理科編
MEXT 1-1706

平成30年2月28日	初版発行
令和6年9月6日	3版発行
著作権所有	文部科学省
発　行　者	東京都北区堀船2丁目17-1 東京書籍株式会社 代表者　渡辺能理夫
印　刷　者	東京都北区堀船1丁目28-1 株式会社リーブルテック
発　行　所	東京都北区堀船2丁目17-1 東京書籍株式会社 電　話　03−5390−7247

定価208円（本体189円＋税10％）